I0104551

COUP-D'OEIL

SUR

LES MÉDAILLES DE PLOMB,

LE PERSONNAGE DE FOU, ET LES RÉBUS,

DANS LE MOYEN AGE.

IMPRIMERIE DE Mme HUZARD (née VALLAT LA CHAPELLE),
RUE DE L'ÉPERON, N° 7.

COUP-D'OEIL

LES MÉDAILLES DE PLOMB,

LE PERSONNAGE DE FOU, ET LES RÉBUS,
DANS LE MOYEN AGE,

PAR M. C. LEBER;

POUR SERVIR D'INTRODUCTION A L'ESSAI SUR LES MONNAIES
INCONNUES DES ÉVÊQUES DES FOUS,

PAR M. R., D'AMIENS.

« Maistre Guillaume est peint en ce tableau. »
(*Voyage de Mr Guillaume en l'autre monde.*)

———

J.-S. MERLIN, LIBRAIRE,
QUAI DES AUGUSTINS, N° 7.

1835

COUP-D'OEIL

L'USAGE DES MÉDAILLES DE PLOMB,

LE PERSONNAGE DE FOU, ET LES RÉBUS,

DANS LE MOYEN AGE.

———

Des associations d'une origine fort ancienne,
et dont la civilisation a fait depuis long-temps
justice, ont laissé dans beaucoup de localités des
traces plus ou moins bizarres de l'empire qu'elles
exercèrent en France sur des esprits simples et religieux. La famille en est nombreuse, et presque oubliée ; il n'est pas facile d'en reconnaître les
diverses branches dans leur dégénération actuelle ;
elles attendent encore un généalogiste ; pourquoi
n'en trouveraient–elles point ? Les traditions qui
en sont restées ont cela de remarquable qu'elles

a

appartiennent également à l'histoire du culte et à celle des divertissemens de nos pères, qu'on ne peut cependant accuser d'impiété. Était-ce une contradiction? Je ne sais ; mais la solution de ce problème est sans doute écrite au livre de nos mœurs, et peut-être y trouverait-on une leçon dont le philosophe, aussi bien que l'historien, pourrait faire son profit.

Sous ce point de vue, des monumens de la barbarie la plus grossière, les vestiges d'une association *insensée*, et qui se glorifiait de ce titre, pourraient n'être point indignes de l'attention d'une génération plus éclairée, je n'ose dire plus sage.

D'anciennes traditions nous représentent les temples des chrétiens, envahis par des mascarades, et livrés sans scrupule à la profanation, par les ministres mêmes du culte dont une orgie burlesque parodiait les plus saints mystères. Un temps fut, nous dit-on, où l'on voyait le bâton pastoral se croiser avec la marotte de Momus, et le bandeau des princes de l'église ceignant le front d'un Triboulet. Cela est-il croyable? Si le fait est sans importance dans l'histoire politique d'un grand peuple, il a au moins de quoi piquer vivement notre curiosité ; il mérite d'être vérifié dans ses rapports avec l'état moral de la société qui le produisait, et de la religion qui en subissait les conséquences.

Ces étranges cérémonies, ou, si l'on aime mieux, ces farces connues sous les dénominations de *fêtes de l'Ane, des Fous, des Innocens, des Sous-Diacres*, et autres analogues, ont déjà donné lieu à des recherches spéciales qui ont porté leurs fruits. De graves ecclésiastiques, de doctes académiciens, Savaron (1), Théophile Raynaud (2), Thiers (3), du Cange, Lebeuf (4), et d'autres érudits du dernier siècle n'ont pas dédaigné de s'en occuper. Du Tillot, dont l'abbé d'Artigny

(1) *Traité des Masques.*
(2) *Heteroclita spiritualia et anomala cœlestium, terrestrium et infernorum.*
(3) Divers écrits. — Lettres insérées dans le *Mercure.*
(4) *Mémoires de littérature.*

accrut l'héritage, du Tillot vint ensuite, qui, dans un recueil connu, joignit au produit des premières explorations quelques circonstances nouvelles, et les pièces qu'il avait découvertes dans les cabinets de Dijon (¹). Un des volumes les plus intéressans d'une collection moderne semblait réunir sur ce sujet tout ce qu'il avait été possible de dérober à l'oubli, en interrogeant les rituels, les diptyques, les registres de paroisses, et les divers statuts qui révèlent l'antique existence de ces folles pratiques (²). La matière, en un mot, paraissait à peu près épuisée; et voilà que tout à coup, frappant du pied la terre de Picardie, asile ouvert jadis à tant de *pieuses joyeusetés*, un curieux en fait jaillir un fait absolument nouveau, un monument inconnu de l'histoire des Fous, une monnaie qui lui appartient incontestablement, et dont il n'existe aucune trace dans aucun fragment imprimé de cette histoire. Ce ne sont,

(¹) *Mémoires pour servir à l'Histoire de la fête des Foux.*
(²) Le t. IX de la *Collection des meilleurs dissertations et mémoires relatifs à l'Histoire de France.*

il est vrai, que de petits morceaux de plomb, dont l'empreinte est à peine reconnaissable dans quelques uns ; mais la découverte d'une monnaie de plomb, indépendamment de sa destination, est déjà en soi un fait des plus remarquables ([1]).

Les pièces de plomb portant le titre de monnaie ne sont, en effet, que des exceptions dans l'histoire numismatique de l'Europe ; on ne les voit apparaître que fort rarement, et presque toujours sous des formes qui doivent les faire exclure de l'ordre des monnaies proprement dites.

Le caractère distinctif de la vraie monnaie, chez un peuple civilisé, est d'être frappée au coin du prince ou du gouvernement qui l'a mise en circulation, d'avoir un cours forcé dans les limites du

---

([1]) L'existence de monnaies de plomb chez les anciens a fait long-temps question : mais des médailles de plomb réellement antiques, des pièces de l'espèce des *nummi plumbei,* dont parlent Plaute et Martial, recueillies en assez grand nombre dans le dernier siècle, ne permettent plus de conserver aucun doute sur la réalité de ces monnaies, qui n'avaient, au reste, qu'une bien mince valeur. (Voyez les *Remarques sur le Traité de la Science des médailles,* du P. Jobert, t. I, p. 64 et suiv. édit. de 1739.)

pays soumis à cette autorité, et d'y être reçue pour la valeur commerciale qu'elle représente, indépendamment de toutes conventions privées.

Si cette définition est exacte, on peut douter qu'il ait jamais été fabriqué en France aucune monnaie de plomb (¹); mais on connaît des pièces de plomb qui ont tenu lieu de monnaie réelle, dans des circonstances extraordinaires où cet objet d'échange n'empruntait sa valeur et son titre que de conventions du moment.

Telles sont les pièces obsidionales, auxquelles l'isolement et les besoins d'une ville assiégée for-

---

(¹) Je n'en excepte pas les pièces obsidionales, dont il va être question, parce qu'on n'y reconnaissait point le caractère d'une monnaie réelle.

Le marquis de Surville, gouverneur de Tournay pendant le siége de 1709, avait fait graver son effigie sur des pièces du moment, auxquelles il avait employé sa vaisselle d'argent. Cette témérité, dont il n'existait pas d'exemple, ayant déplu à la cour, les ministres consultèrent l'Académie des Belles-Lettres; et la réponse fut que les pièces obsidionales ne pouvaient jamais être appelées qu'improprement *monnaies,* qu'on ne pouvait y voir que de véritables *méreaux.* (Voyez la *Dissertation* de de Boze, et le *Recueil* de Tobiesen Duby, ci-après indiqué.)

cent de recourir, à défaut de monnaie usuelle; tels pouvaient être aussi les produits de quelques grandes nécessités publiques, dont le prince lui-même aurait subi la loi.

Dans une position extrême ou désespérée, on a pu faire de la monnaie de plomb, comme de toute autre matière plus vile encore.

C'est ainsi que, pendant la prison du roi Jean, on vit, dit-on, circuler en France de la monnaie de cuir (1), et qu'à une époque bien plus rapprochée de nous, au siége de Bouchain, en septembre 1711, de simples morceaux de carton suppléèrent, comme monnaie, à toute autre ressource (2). Cependant le plomb et l'étain étaient plus ordinairement employés en ces circonstances, que caractérisent bien les deux légendes suivantes :

« *Quid non cogit necessitas !* »

« *Nil restat reliqui.* »

(1) Ce fait a paru douteux.
(2) *Recueil général des Pièces obsidionales et de nécessité,* par Tobiesen Duby, p. 12, nos 4 et 5.

Ces inscriptions appartiennent à deux pièces de plomb frappées dans la ville d'Ypres, assiégée par les Espagnols en 1583. Pressé par un besoin semblable, quoique dans une position différente, Jacques II, roi déchu d'Angleterre, eut recours au même moyen pour payer les troupes qui soutenaient son parti en Irlande. Il fit fabriquer, en 1691, une monnaie de plomb où il était représenté à cheval, tenant un bâton de commandement, avec la légende : *Jacobus II, D. gratiâ mag. Brit., Franciæ et Hiberniæ rex* ; et au Revers : *Realis hispanici valoris. 24 martii* (1). Cette pièce représentait, comme on voit, la valeur d'un réal d'Espagne.

On a aussi quelques exemples de pièces de plomb émises en vertu de priviléges particuliers, et qui tenaient lieu de monnaie dans certaines localités. Le chapitre des chanoinesses de Maubeuge jouissait, à ce qu'il paraît, du droit de

---

(1) Il est permis d'attribuer à des circonstances semblables la monnaie de plomb qui, suivant Érasme, aurait eu cours de son temps en Angleterre.

frapper un nombre déterminé de *Mittes*, sorte
de petite monnaie. Celles-ci étaient de plomb, à
l'effigie de sainte Aldegonde; elles avaient cours
dans tout le Hainaut jusqu'à Bruxelles, et comme
il en fallait douze pour représenter un denier, on
conçoit que cette exception souffrit d'autant moins
de difficultés, qu'elle ne pouvait compromettre
de bien graves intérêts (¹).

Quant à la fausse monnaie, les espèces de
plomb ne sauraient entrer dans aucune classe de
monnaies réelles, par cela même qu'elles sont
fausses, qu'elles n'ont de la monnaie que l'appa-
·rence. On conserve, dans les cabinets de médailles, quelques pièces de cette nature dont les empreintes rappellent des monnaies connues, et qui
n'en sont pas moins l'œuvre de faussaires.

Cette criminelle industrie a été pratiquée dans
tous les temps, et plus particulièrement sous les
règnes où le changement et l'altération continuels

(¹) *Traité des Monnoies des prélats et des barons*, par
Tobiesen Duby.

des monnaies rendaient la contrefaçon plus facile et moins dangereuse ; aussi en trouve-t-on
de nombreux témoignages dans les actes publics
du quatorzième siècle. Les ordonnances de cet
âge sont remplies de dispositions relatives aux
faux-monnayeurs, et l'on voit par des actes spé-
ciaux que le plomb servait, en général, de base à
leur fabrication. C'est d'une monnaie de cette espèce qu'il est question dans des lettres de rémis-
sion de 1396, où l'on remarque le passage suivant : « Comme le suppliant eust acheté certaine
monnoye de *plont* de huit et de quatre deniers parisis pour piece, pour le prix et somme de huit
blancs ; huit jours après ou environ, eust icelle
monnoye de *plont* vendue a un nommé Jehan Mi-
chau, le prix et somme de cinq sous tournois....
et d'icelle monnoye eust été saisi.... en la ville de
Lille Bouchart, et pour ce eust été emprisonné au
dit lieu (¹). » L'auteur de l'Essai dont je m'occupe, M. R., possède une pièce de plomb, frappée

---

(¹) *Litter. remis.*, an. 1396 ; *Bibl. reg.*, ancienne trad.

au nom de Philippe de Marigny, évêque de Cam-
bray, mort en 1310 : mais bien que cette pièce lui
ait paru semblable à une monnaie d'argent gravée
dans l'ouvrage de M. Tribon (¹), il la regarde
comme l'œuvre d'un faux-monnayeur. On sait,
au surplus, que l'usage de mutiler ou marquer les
pièces de monnaie fausses remonte à une époque fort éloignée. Des lettres de Philippe-le-Bel,
du mois d'octobre 1309, portent que « dans les foi-
res et marchiez...., toutes manières de gens quel-
conques qui voudront bailler, prendre ou recevoir pour quelque cause que ce soit, monnoye
d'or, *seront tenues à montrer à certaines personnes convenables ladite monnoye* , avant
qu'ils la baillent, mettent, preignent ou recoi-
vent, *pour resgarder et esprouver se il y en a nul
contrefait ne faus*; et se lesdites personnes...
trouveront aucuns deniers *contrefaiz* ou *faus*,
il les *perceront* ou *trancheront* , et *perciés* ou
tranchiés les rendront franchement avec la bonne

(¹) Pl. 3, n° 2, des *Recherches historiques sur les Monnaies du Cambrésis,* 1806.

monnoye à ceus à qui seront, sans rien prendre ne retenir ([1]). »

Mais, d'après la même ordonnance, ceux qui effectuaient un paiement, en foire, sans avoir montré leurs espèces aux inspecteurs, étaient mis à l'amende, s'ils se trouvaient avoir donné quelques pièces fausses ; et, dans ce cas seulement, les pièces étaient confisquées au profit du roi. Il suit de là qu'un assez grand nombre de pièces reconnues fausses par les agens du fisc ont pu demeurer dans les mains des détenteurs privés, puisqu'il suffisait de les déclarer pour les conserver : il en résulte aussi que la plupart de ces pièces doivent être faciles à reconnaître par la mutilation qu'elles ont éprouvée ; mais toutes n'ont pas été *perciées* ou *tranchiées*.

Hors des circonstances que je viens de rappeler, la fausse monnaie étant écartée de la question, toutes les pièces de plomb anciennes, même celles qui portent le nom de *monnaie*, ne sont, à

([1]) *Recueil du Louvre*, t. I, p. 169.

proprement parler, que le produit de conventions particulières, de faits indépendans de la volonté publique, sans authenticité ni autorité comme valeur d'échange commerciale. On ne peut y voir que des signes de ralliement ou de reconnaissance, le témoignage ou la garantie d'un fait, une image ou un symbole religieux, la représentation de quelques priviléges, ou des objets de pure fantaisie. Ce ne sont donc que des jetons, des sceaux, des tessères, des méreaux, des agnus, ou d'autres médailles de ce caractère.

Les sceaux de plomb de diverses origines sont nombreux, et trop connus pour qu'il soit utile d'en citer ici des exemples. La même observation s'applique aux médailles de simple dévotion. Qui ne se rappelle la fameuse Notre-Dame de plomb attachée au chapeau de Louis XI, et qui pourrait assurer que le très puissant, très rusé et très superstitieux confrère ne la préférât point au plus beau diamant de sa couronne?

Comme signes de ralliement, les médailles distinctives des différens partis qui déchirèrent la France sous le règne déplorable de Charles VI, et la régence anglaise, sont assurément des plus curieuses, et peut-être les plus rares qui puissent se recommander à notre intérêt.

Peu de personnes ignorent les causes et les principales circonstances de ce drame politique, qui a rempli la moitié d'un siècle de ses horreurs. On sait que la France, Paris surtout, se divisait alors en deux grands partis : celui des Armagnacs unis aux Orléanistes, qui tenait pour le dauphin, depuis Charles VII ; et la faction du duc de Bourgogne, ligué avec le roi d'Angleterre, Henri V, auquel la France avait été sacrifiée. Quel que fût le parti dominant à Paris, la faction contraire y avait toujours de nombreux partisans qui préparaient sourdement les moyens de secouer le joug, et qu'unissaient entre eux des liens occultes, d'où ils tiraient leur force et leur sécurité. Il était naturel qu'en cette position chaque parti eût un signe de ralliement, des moyens de réunion et de reconnaissance. Ces signes étaient de deux sortes : les uns, tels que la bannière, devaient se montrer au grand jour, pour la manifestation publique des entreprises ou de la domination actuelle d'une faction; les autres, plus obscurs, plus simples, étaient plus faciles à soustraire aux regards soupçonneux du parti régnant.

Des confréries dûrent aussi se former pour fortifier l'union des partisans d'une même cause, par la sainteté du serment, dont on abusait si facilement alors, et par la protection d'un patron, qu'on ne manquait jamais d'invoquer, même dans les intentions les plus criminelles.

La confrérie des Armagnacs, qu'on désignait sous le nom de *Bandés* ('), se forma dès l'année 1414. « Le 3 aoust, fut commencée par les *Bandez* une confrairie Saint-Laurent aux Blancs

---

(') « Le duc de Berry et ceux de son party portoient une bande, dont ils furent appelez les *bandez*, ou ceux de la bande. » (*Journal de Paris, sous Charles VI,* année 1410.) Cette bande descendait transversalement de l'épaule droite à la hanche gauche : d'où le nom de *bandés*, et, par suite, *bandolliers, bandoulières* (*Traité des Marques nationales.*)

Manteaux..., et n'osait homme ne femme estre
au moustier ne à leur feste, s'il n'avait la bande (¹). » De leur côté, les Bourguignons avaient
établi aussi une confrérie, sous l'invocation de
saint André, dont les exercices de piété se faisaient à St.-Eustache (²). Ces saints patrons se
trouvaient eux-mêmes enrôlés dans leurs bandes,
et chaque parti revêtait le sien de son écharpe.
Un jeune homme eut le poing coupé « pour avoir
arraché la bande unie à l'imaige de monseigneur
S. Huistace (³). »

On remarquera que les bandes ou écharpes

_____

(¹) *Journal de Paris sous Charles VI*, p. 23 de l'édit.
in-4° (*seule complète*).

(²) *Ibid.*, juin 1418.

(³) *Ibid.*, octobre 1414.

Dans la suite, le malheureux connétable d'Armagnac
n'en fut pas quitte à si bon compte : les Bourguignons,
après l'avoir massacré, étendirent son cadavre sur la table
de marbre du Palais; « et, pource qu'il portoit en ses livrée et devise une *bande*, les dictz séducteurs luy leverent
une courroye de sa peau, depuis l'espaule jusques au genouil, et la luy meirent en bande au travers de son corps. »
(*Chron.* de Nic. Gilles, an. 1418, p. 64, t. 2 de l'in-folio.)

n'ont pas toujours conservé la même forme ni les mêmes empreintes. La couleur des Bourguignons était, en général, le rouge; et le blanc, celle des Armagnacs ou du dauphin ; mais ces couleurs ont varié dans les différens signes de ralliement appropriés aux circonstances. En 1411 , année où se formèrent les bandes de paysans que l'on nommait *brigands* (¹), les Bourguignons adoptèrent la couleur verte. « Ceux de Paris prirent le chaperon *pers* (²) et la croix Saint-Andrieu, et au milieu de la croix un escu à la fleur de lys ; et en moins de quinze jours y avait au dict Paris , cent milliers qu'hommes qu'enffens signez devant et derrière de la dicte croix, et nul n'estoit du dict lieu qui ne l'avoit (³). » Au mois de mai 1418, après la rentrée de Villiers de l'Isle-Adam à Paris,

---

(¹) On appelait ainsi les paysans armés pour la guerre. On trouve des *brigands* de cette espèce à une époque antérieure : il en est fait mention dans Froissard.

(²) Bleu foncé ou verdâtre , ou simplement vert.

(³) *Histoire de Charles VI*, par Juvénal des Ursins, p. 498 de l'édit. de Godefroy, in-folio. *Ext. du Journal.*

« Ceux.... du party du duc de Bourgogne qui estoient de la ville, prinrent la croix Saint-Andrieu blanche (¹). » Plus tard, on revoit la croix rouge des Bourguignons. Après l'assassinat de Jean-sans-Peur sur le pont de Montereau, les Parisiens, généralement indignés de cet attentat, prirent la bande rouge; et vers la fin de la guerre civile, tous les gouverneurs dévoués au duc de Bourgogne et aux Anglais, portaient une large bande blanche semée de croisettes rouges sans nombre. Les couleurs des Armagnacs ont également subi plusieurs variations. A leur retour à Paris, en mai 1413, « la ville prit chaperons blancs, mesme le roy (²) et les princes; et avant la fin du mois, tous en avoient tant hommes que femmes.»

(¹) *Chron. de Saint-Denis,* t. 3, f° 92 de l'édit. de 1514. — La croix des Bourguignons, dite de *Saint-André,* était penchée, et formait des angles inégaux; c'est en quoi, lorsqu'elle était blanche comme dans le cas présent, elle se distinguait de la croix royale de même couleur, qui était droite ou traversée à angles droits. (*Voyez* aussi la *Chronique de Gaguin,* en franç., in-4°, goth., f° 151.)
(²) Le roi Charles VI.

Cependant, au mois d'avril de la même année,
« furent commencez Hucquez (¹) de drap violet
par ceux qui gouvernoient (les Armagnacs) ; on
y avoit mis foison de feuilles d'argent, et en escrit
d'argent, *le droit chemin* (²). » En 1418, le noir
et le rouge furent employés, par le même parti, à
des signes de ralliement qui devaient d'abord demeurer secrets. On voit, enfin, qu'à la rentrée de
Charles VII à Paris, les bourgeois prirent, les uns
la croix blanche droite, les autres la croix de St.-
André, qui était celle des Bourguignons (³).

---

(1) Vêtement de dessus, qui servait de mantelet et de
chaperon, et qui était fort court.

> « Armets luisans, briquotetz, capelines,
> *Hucques* de pris, tres riches mantelines,
> Venant sans plus jusqu'au dessus des faudes *.»
> (*Le Verger d'honneur*, d'Octavien de Saint-Gelais.)

(2) *Journal de Paris*, p. 18.

(3) *Journal de Paris*, an. 1436. — Ces variations se font
remarquer dans tous les temps de guerres civiles et d'a-
narchie. Bien que le blanc n'eût pas cessé d'être la couleur nationale depuis Charles VII, les troupes royales
catholiques de Charle IX et de Henri III portaient

* *Faudes*, hauts-de-chausses

J'ai fait observer qu'indépendamment de ces
marques d'éclat qui signalaient le parti dominant
ou quelque coup de main de son ennemi, chaque
faction avait encore des signes de ralliement occultes, dont ses partisans se prévalaient au besoin. C'étaient ordinairement des figures accompagnées de légendes, estampées sur des pièces de
plomb, ou peintes sur un morceau d'étoffe de couleur sombre, et telles qu'il était facile d'en fabriquer secrètement et à peu de frais un assez grand
nombre, pour en munir tous les hommes d'un
même parti. Les Armagnacs venaient de faire
frapper et de distribuer à leurs agens une quan-
tité considérable de médailles de plomb de cette
espèce, au moment où Perrinet le Clerc livra la
capitale aux Bourguignons ('). D'après le journal

l'écharpe rouge, laissant le drapeau blanc au roi de Navarre, depuis Henri IV, et aux calvinistes, qui l'avaient
arboré. (D'Aubigné, *Hist.*, liv. II, c. 18. — *Traité des
Marques nationales,* par Beneton.)

(¹) Le 29 mai 1418.—Personne n'ignore que Perrinet le
Clerc, dont le père, marchand de fer sur le Petit-Pont,
était quartenier et chargé de la garde de la porte Saint-

de Paris, que Villaret a cru pouvoir suivre, mais dont le témoignage n'est pas toujours une autorité ('), il paraîtrait que, réduit aux dernières extrémités, le comte d'Armagnac avait résolu de faire massacrer tous les Bourguignons qui se trouvaient dans Paris (²), que les hommes devaient être égorgés, les femmes et les enfans noyés dans des sacs (³), et que les médailles dont il s'agit

---

Germain, pour se venger des mauvais traitemens qu'il avait reçus des domestiques d'un ministre, et du refus que le prévôt de Paris avait fait de lui rendre justice, déroba les clefs de la ville sous le chevet du lit de son père, et livra les portes à l'Isle-Adam, commandant d'un corps de Bourguignons, dans la nuit du 28 au 29 mai 1418.

(¹) L'auteur, dévoué à la faction de Bourgogne, exagère les crimes du parti opposé, et lui prête quelquefois des intentions qui n'étaient que des bruits populaires, ou des inventions de la police du temps.

(²) Villaret, *Histoire de France*, t. VII, p. 218, in-4°.

(³) Le *Journal* rapporte que les Armagnacs avaient fait enlever de force les toiles qui se trouvaient chez les marchands de Paris, sous le prétexte de fabriquer des tentes et des pavillons pour le service du roi, mais que ces toiles étaient destinées à faire des sacs pour noyer les femmes et les enfans. Voilà de ces bruits populaires que l'auteur du

étaient destinées à servir de sauf-conduit à ceux
qu'on voulait épargner, ou qui n'avaient des
Bourguignons que le masque. « Vray est, dit le
journal, qu'ils (les Armagnacs) avoient fait faire
monnoye de plont très-grant foison, et devoient
bailler aux dizainiers de la ville de Paris, selon ce
qu'ils avoient de gens en leurs dizaines qui estoient de la *bande*, et n'en devoient avoir nul
autre que eulx, et devoient aller parmy les maisons lesdits *bandez* par tout Paris à force de gens
armez portant ladite bande, disant partout, *avez-
vous point de telle monnoye?* S'ils disoient *Veez
en cy*, ils passoient oultre sans plus dire; s'ils
disoient *nous n'en avons point*, ils devoient tous
être mis à l'épée, et les femmes et enffens noyez;
et estoit la monnoye telle ung pou plus grant que
un blanc de 4 deniers parisis (¹). » On remarque
dans ce fait la différence et le concours des deux

Journal de Paris ne manquait pas d'inscrire sur ses ta-
blettes, quand ils étaient à la charge des Armagnacs.

(¹) *Journal de Paris*, p. 44 de l'édition in-4°. L'in-folio
de Godefroy ne contient qu'un extrait de ce *Journal*.

sortes de signes de ralliement dont j'ai d'abord
établi la distinction : le signe apparent et solen-
nel, c'est la bande; le signe occulte et individuel
qui ne se manifestait que d'homme à homme,
c'est la plaque de plomb. On ne l'attachait au chaperon ou au bonnet, en guise de cocarde, que
quand le danger n'existait plus, et alors elle avait
rempli sa principale destination. Tel était, sous
une autre forme, l'*escu noir chargé d'une croix
rouge,* dont la même faction avait fait fabriquer
plus de seize milliers, qui furent trouvés chez les
Armagnacs après le coup de main de Perrinet le
Clerc. S'il faut en croire le journal déjà cité, tous
ceux qui n'auraient pas eu cet écu devaient être
massacrés sans miséricorde. Les mémoires contemporains font encore mention d'une autre médaille de plomb frappée à l'occasion du fameux
frère François Richard, dont les sermons avaient
si bien édifié tout Paris, que pour déférer à ses
pressantes exhortations, les *damoiselles ardoient*
sans ménagement (l'histoire ne dit pas sans regrets), *dez, cartes, truffes, baleines, bour-*

reaux (¹), *cornes de coeffures* (²), et autres objets
d'accoutremens et de plaisirs mondains. Ce pré-
dicateur ayant passé dans le parti du roi Charles VII, la chance tourna aussitôt contre lui. A la
vénération qu'il avait inspirée, succéda dans l'esprit des mêmes *damoiselles* un sentiment de mépris, une sorte d'indignation réactive, dont la
coquetterie sut habilement profiter. Le moine leur
avait été infidèle, et les sermons d'un traître devaient être considérés comme non avenus : *ainsi*

(¹) Les *truffes* ou *truffaux* étaient des ornemens de tête
propres aux femmes. Les *bourreaux* consistaient en pièces
de cuir ou de baleines, dont les coquettes se servaient
pour dresser leur chaperon, et le maintenir dans la forme
qu'elles voulaient lui donner.

(²) Les bonnets les plus à la mode étaient alors surmon-
tés de deux espèces de cônes, formant un angle obtus, et
dont la base répondait aux deux oreilles. Quelques années après, ces deux cônes réunis devinrent un énorme
pain de sucre, dont la mode ceignit le front des dames de
la cour de Charles VII (*voyez* les miniatures de ces temps).
De là le nom de *cornette,* qui servit depuis à désigner des
coiffures plus communes, et que conserve encore le bonnet de nos paysannes. L'élégant édifice du bonnet cau-
chois rappelle encore, bien qu'imparfaitement, la coiffure
pyramidale du quinzième siècle.

firent-elles. Au premier bruit qui courut de la désertion du frère Richard, « ceux de Paris le maudirent de Dieu et de ses saints, et qui plus est les jeux de tables, boules, dez et tous autres jeux qu'il avoit deffendus, recommencèrent en dépit de lui, et mesme un *meriau d'estain* où estoit empreint le nom de *Jésus*, qu'il leur avoit fait prendre, laissèrent-ils, et prindrent tretous la croix de Saint-André (¹). »

Ne perdons pas de vue le *meriau* (mereau) *d'estain*, sur lequel nous reviendrons bientôt.

La réunion complète de tous ces monumens de nos anciennes discordes serait d'autant plus précieuse pour nous, que les chroniques ne les font qu'imparfaitement connaître. Mais où trouver une pareille collection? En attendant le résultat de recherches plus spéciales sur ces plombs, si vils en apparence, et pourtant si curieux, je regarde comme une bonne fortune de pouvoir offrir ici les empreintes de plusieurs pièces bien caracté-

---

(¹) *Journal de Paris*, in-4°, année 1429.

risées, comme signes de ralliement, et dans les-
quelles est représenté chacun des trois partis dont
il vient d'être question.

Elles sont toutes de plomb, estampées d'un seul
côté, et munies au revers d'une agrafe ou attache
qui servait à les fixer sur le chaperon, ou quelque autre partie moins apparente du vêtement,
selon les circonstances.

N° I.

L'écu de France couronné, avec la légende AVE·
MARIA·GRACIA·PLENA·

Cette médaille paraît devoir être attribuée au
parti des Armagnacs ou du Dauphin, depuis
Charles VII.

N° II.

Une croix chargée d'une fleur de lis, et cantonnée de
fleurs de lis et de lions; pour légende : AVE·MARIA·
GRACIA·PLENA·

Cette plaque appartenait au parti des Bourguignons, qu'indique le lion de Bourgogne (d'abord
de Flandre), associé aux fleurs de lis.

Pl. 2. *Pag.XXVI.*

I

II

III

IV.

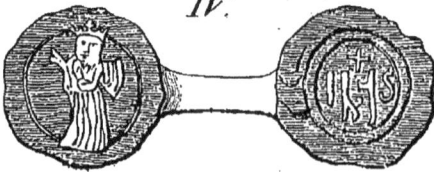

N° III.

Plaque des Anglais, dont l'effigie est exactement conforme à celles des *nobles d'or* frappés à Paris au nom de Henri VI, roi d'Angleterre, soi-disant roi de France (¹).

On y reconnaît le jeune Henri VI debout dans un vaisseau, portant d'une main l'épée nue, et le bras gauche couvert d'un écu écartelé de léopards et de fleurs de lis. La légende est la même que la précédente.

La conformité des trois légendes appliquées à des signes de ralliement différens s'explique par les sentimens, ou du moins par les dehors de piété qui étaient alors communs aux hommes de tous les partis, et par l'usage où l'on était de donner aux jetons, pour légende, les premiers mots de la salutation angélique. Cet usage dérivait d'une dévotion qui avait pris, dans le quinzième siècle, un caractère de ferveur et de prosélytisme tout particulier. Le culte de la vierge fut, en général, pour les rois et les reines de France, l'objet d'une vénération qui se manifestait avec éclat dans les gran-

_____

(¹) *Voyez* le *Traité des Monnoies* de le Blanc, p. 244.

des calamités, et dans l'expression solennelle de leurs vœux pour la conservation de leur famille ou de l'Etat (¹). Des synodes tenus en France avaient ordonné de réciter l'*Angelus* le soir, au couvre-feu, *ad ignitegium, gallicè* COUVRE-FEU (²). Cette pratique et l'usage de réciter l'*ave Maria* à la fin de l'exorde des sermons subsistaient déjà du temps de Gerson, qui en fit la remarque dans son sermon sur la *Cène : salutatio angelica solita videretur*, et qui s'y conforma dans le panégyrique de Saint-Louis, qu'il prononça au collége de

---

(¹) Voyez *Mémoires et recherches de la Dévotion, piété et charité des illustres roynes de France*, etc., par M. Houel. Paris, 1586, in-8°; et la notice insérée dans le *Mercure de novembre* 1738, *sur la Dévotion des rois de France à la sainte Vierge.*

(²) Don Martenne en rapporte deux exemples du commencement du quatorzième siècle. «*Item*, Præcipimus ut ipsi faciant horâ consuetâ pulsari campanas in ecclesiis suis, ad ignitegium, gallicè *couvre-feu*, et præcipiant parochianis ad pulsationem hujusmodi dicere, genibus flexis, verbum salutationis ab angelo gloriosæ Virgini Mariæ, AVE MARIA; et ex hoc lucrantur decem dies indulgentiæ.» (*Ex stat. D. Simonis, quondam Episc. Nannetensis,* art. V.)

Navarre, n'étant encore que bachelier (¹). On en trouve l'application aux monnaies, sous le règne de Charles VI, où l'on frappa des nobles d'or appelés *saluts*, du nom donné à l'Annonciation, gravée sur le revers avec le mot *ave*. Le malheur des temps accrut l'ardeur de cette dévotion, sous le règne de Charles VII ; et l'on pourrait dire qu'elle fut portée à l'excès par le roi Louis XI, qui établit en France la coutume de sonner l'angelus à midi (²). C'est à cette dernière époque que le père Texte, savant dominicain, crut pouvoir rappor-

(¹) Gerson, né en 1363, docteur de Paris en 1392, depuis chancelier de l'Université...

(²) « Et le dit premier jour de may 1442, fut fait à Paris une moult belle et notable procession en l'église, et fait ung preschement bien solemnel par ung docteur en théologie, nommé maistre Jehan Brete, natif de Tours, lequel dit et déclaira... que le roi avoit singulière confidence en la benoiste Vierge Marie, prioit et exhortoit son bon populaire, manants et habitants de la cité de Paris, que doresenavant, à l'heure de midi que sonneroit à l'église du dit Paris la grosse cloche, chacun feust fléchi ung genouil en terre, en disant *ave Maria*, pour donner bonne paix au royaume de France. » (*Chron. du greffier de l'Hôtel-de-Ville* (Jean de Troyes), p. 172, in-4°.)

ter l'origine d'un jeton de cuivre à l'écu de France, ayant pour légende *ave Maria*, dont il donna l'explication dans le Mercure de juin 1735. Mais son opinion trouva des contradicteurs; l'un de ses adversaires prétendit que des monumens, qu'il ne désigne pas, et qui avaient échappé à la sagacité de l'auteur, prouvaient une existence plus ancienne du fait dont il s'agissait (¹). Avait-il en vue les médailles de plomb frappées dans les circonstances dont nous nous occupons en ce moment? Quoi qu'il en soit, s'il n'est pas absolument impossible que notre plaque à l'écu de France n° 3 soit un produit de la dévotion singulière de Louis XI à la Vierge, il n'est pas non plus prouvé que le jeton du P. Texte ne soit point un signe de ralliement de l'espèce et de l'époque des nôtres.

L'empreinte de la pièce n° V est trop altérée, pour qu'il soit facile de la reconnaître dans tous ses détails. Elle diffère des précédentes, en ce qu'elle est estampée des deux côtés comme les je-

(¹) Lettre insérée dans le *Mercure* d'avril 1744.

Pl. 3   *Pag. XXX.*

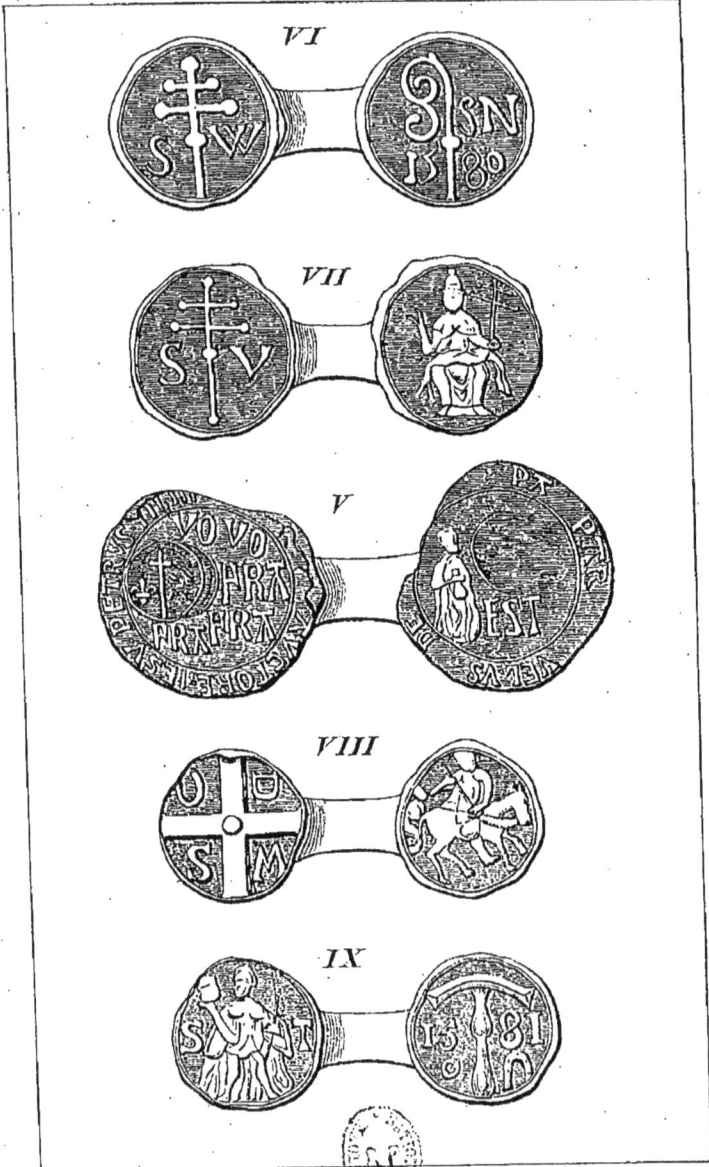

tons ou méreaux, et qu'on n'y voit ni trou ni cro-
chet qui indique une destination pareille à celle
des plaques. Je n'oserais affirmer que cette médaille se rapportât à la vengeance que les dames de
Paris tirèrent du frère François Richard ; mais la
conformité parfaite de l'écu avec celui des monnaies franco-anglaises de Henri VI ([1]), et le nom
de *Jésus* inscrit dans la légende, rappellent si na-
turellement le *Mériau d'estain* mentionné dans le
journal dont j'ai cité le texte, qu'il est permis
d'admettre l'identité de notre médaille avec ce
méreau, comme une chose au moins fort vraisemblable. L'un des côtés de cette pièce est indé-
chiffrable. De l'autre côté, on lit dans le champ
les mots VO, VO, FRA, FRA, FRA : entre ces mots,
l'écu chargé d'une croix, avec la fleur de lis et le
lion de Bourgogne, qui est presque entièrement
effacé. Pour légende, AUCTORE JESU PETRUS.......
c'est du moins tout ce qu'on en peut lire. Ce méreau étant, suivant toute apparence, un *ex voto*

([1]) Voyez le Blanc, *Traité des Monnoies,* p. 244, et la
planche.

du moine qui l'avait répandu dans Paris, on pourrait chercher l'expression de ce vœu dans l'espèce de jeu de mots que forment les abréviations *vo. vo. fra. fra. fra.* Si le *frère François*, cordelier, conséquemment *franciscain*, n'a pas voulu dire : *Votum vovit frater Franciscus franciscanus,* ou quelque chose d'aussi baroque, dans le même sens, je laisse l'énigme à deviner à de plus habiles que moi.

La médaille nº **IV** doit être de l'espèce des jetons de chapitre ou d'église, désignés sous la dénomination de *Méreaux* (¹). D'un côté, figure un personnage, qu'on prendrait d'abord pour un roi de cartes, et dont les attributs indiquent un martyr ou un bienheureux d'un sang illustre; au revers est le monogramme de Jésus-Christ. Cette pièce appartenait peut-être à une église placée sous l'invocation de Saint-Louis, dont la mort en pays étranger, dans le cours d'une croisade,

---

(¹) On en trouvera plusieurs modèles sous les nᵒˢ **VI**, **VII**, **VIII**, **IX**.

aurait été considérée comme un véritable martyre.

C'est dans cet ordre de médailles, c'est parmi les méreaux ou jetons d'église, que nos *Monnaies des Évêques des Innocens et des Fous* me paraissent devoir être classées, malgré la supposition contraire que M. R. fonde sur le sens littéral de la légende *moneta*. On pardonnera au possesseur d'une aussi curieuse collection d'avoir soumis un esprit aussi éclairé que le sien à cet amour trop complaisant, trop vif de la propriété, qui nous entraîne presque toujours au delà du vrai dans l'appréciation de nos richesses et de nos bonnes fortunes d'amateurs ; mais on lui accordera difficilement que les médailles dont il nous révèle l'existence soient de véritables monnaies, ou même qu'elles aient été destinées à aucun échange commercial. La légende *moneta* n'est pas d'elle-même la preuve du fait que M. R. en déduit.

Moneta, dans l'ancienne acception de ce mot, signifiait l'image ou l'empreinte même de la pièce, abstraction faite de la matière métallique qui l'a-

c

vait reçue (¹). De là cette comparaison d'un vieux moine impotent à *un denier* dont le temps *avait effacé la monnoie.* Alors on disait d'un homme usé, quoique chargé d'embonpoint, que c'était un *écu de poids,* mais qui n'était plus recevable dans le commerce, parce que *la monnaie en avait disparu* (²). Il est si vrai, en effet, que le latin *moneta,* ou le vieux français *monnoie,* n'impliquait pas toujours l'idée de valeur d'échange commerciale, que, dans les écrits du moyen âge, cette dénomination est souvent appliquée à des espèces qui étaient évidemment étrangères au commerce. Le texte du *Journal de Paris sous Charles VI,* que j'ai déjà eu occasion de rapporter, en fournit une preuve sans réplique. L'auteur y donne le nom de monnaie à une plaque

---

(¹) « MONETA : monetæ ipsius character ac figura. — MONETA, *similitudo.* » (*Glos.* Cang., vº MONETA, col. 898.)

(²) « Is autem monachus qui adeò est senex, ut antè vel retrò jam nequeat inclinare, denario illi est similis cujus monetam temporis antiquitas jam delevit. — *Rursùm :* Assimilatur nummo ponderoso, monetam tamen non habenti, et ideò non æquè venali. » (*Ubi sup.*)

de plomb dont la forme et la destination connues excluent absolument l'idée d'une monnaie
réelle dans l'acception actuelle de ce mot.

La légende *moneta* ne déciderait donc pas la
question.

Si l'on examine ensuite l'origine et le caractère
de nos pièces, indépendamment de leur qualification, on y trouve de nouveaux motifs pour
douter que ces espèces puissent être exactement
classées au nombre des monnaies.

Toute monnaie émane de l'exercice d'un droit
ou d'un pouvoir quelconque ; c'est le produit
d'une convention publique, qui ne peut obliger
que par le droit de l'autorité qui l'a établie et le
sceau qui la constate. Comment un Évêque des
Innocens ou des Fous, un membre de la dernière
classe des gens d'église, et le plus souvent un en-
fant, aurait-il pu remplir cette condition? Sup-
poserait-on que l'association qui l'élisait eût en
elle-même assez de consistance ou de poids, et
jouît, dans l'ordre ecclésiastique ou civil, d'une
assez grande faveur pour être aussi magnifique-

ment dotée? L'histoire de nos modernes Saturna-
les ne laisserait aucun fondement à cette supposition.

Les fêtes des Fous et des Innocens, quoique
d'origine religieuse, n'ont jamais pu être consi-
dérées comme des exercices de dévotion. C'étaient
de purs divertissemens, et, à ce titre, un vrai
scandale, parce qu'on ne pouvait y voir qu'une
profanation des lieux, des personnes et des choses sacrées qu'on y employait. Non seulement
l'Église ne les a point reconnues, mais elle les a
condamnées et proscrites. Il en fut de même des
pouvoirs temporels qui, tout en tolérant l'effet
d'une longue coutume, et se bornant à corriger
dans leurs excès des mœurs qu'ils ne pouvaient
changer, appuyaient par leurs actes le principe
de l'Église, et l'aidaient à le faire respecter. La
pragmatique sanction de Charles VII (¹) contient
à ce sujet une disposition fort remarquable dans

(¹) Sous la date du 7 juillet 1438. (*Recueil du Louvre,*
t. XIII, p. 267 et suiv.)

l'acceptation du décret du concile de Bâle (1435), intitulé *De spectaculis in ecclesiâ non faciendis* ('). L'adoption pure et simple, par le chef de l'état, d'un canon qui menace des foudres de l'Église les acteurs et fauteurs des fêtes des Innocens et des Fous, est la preuve la plus convain-

---

(1) Voici le texte de cette disposition curieuse, qui a été omise dans la plupart des écrits sur cette matière : « Acceptat decretum de *spectaculis in ecclesiâ non faciendis*, quod incipit : turpem etiam illum abusum in quibusdam frequentatum ecclesiis, quo in certis anni celebritatibus, nonnulli cum mitrâ, baculo ac vestibus pontificalibus, more episcoporum benedicunt ; alii ut reges ac duces induti, quod festum Fatuorum vel Innocentium seu puerorum in quibusdam regionibus nuncupatur ; alii larvales ac theatrales jocos, alii choreas ac tripudia marium ac mulierum facientes, ut homines ad spectaculum et cachinnationes moveant ; alii commessationes et convivia ibidem preparant ; hec (*sic*) santa synodus *detestans*, statuit et jubet tam ordinariis quàm ecclesiarum decanis et rectoribus, sub pœnâ suspensionis omnium proventuum ecclesiasticorum trium mensium spacio (*sic*), ne hec, aut similia ludibria.... in ecclesiâ...., et etiam in cimeterio exerceri ampliùs permittant ; transgressoresque per censuram ecclesiasticam, aliaque juris remedia punire non negligant, etc... » (Ex. *Concil. Basil.*, sess. XXI, § XI, *apud* Hard., t. VIII, col. 1199.)

cante du concours des deux pouvoirs dans la voie de l'opposition où les pères de l'Église avaient toujours marché.

Les associations des Fous et des Innocens n'étaient donc proprement qu'un fait, sans autorité, sans consistance, sans aucun droit positif qui puisse donner lieu de supposer en elles la faculté de battre monnaie; et sous ce point de vue, on ne saurait les comparer à la Basoche, dont l'institution était reconnue, qui jouissait de certains droits par délégation, qui était une sorte de magistrature subalterne et toute spéciale, faisant et pouvant faire des actes de juridiction. Je doute fort que la Basoche ait jamais eu le privilége de frapper une monnaie qui lui fût propre, comme on l'a dit et répété depuis des siècles, sans aucune preuve (¹); mais, cette opinion fût-elle fondée, on n'en pourrait rien conclure à l'égard de la monnaie des Évêques des Fous, parce que la Basoche, émanée d'un pouvoir réel, exerçait, avec une juridiction déter-

(¹) Voyez la note, page 4 des Monnaies des Innocens.

minée, une certaine autorité de police et de discipline dont les confréries des Fous n'ont jamais été revêtues, et qui pourrait seule étayer la supposition d'une monnaie à l'usage de ces associations.

Pardonnez, cher et respectable collaborateur, cette digression hasardée contre une opinion que vous avez dû caresser, et dont, au surplus, je suis loin de vous demander le sacrifice. Ce n'est point là, Dieu merci ! une question de vie ou de mort pour l'ouvrage ni pour l'auteur. Je ne puis, je n'ose recevoir vos espèces comme monnaies de bon aloi ; mais je n'en vénère pas moins ces curieuses reliques d'un âge dont l'étude a tant d'attraits pour nos jeunes contemporains ; et j'ajouterai que, monnaies ou non, elles doivent tirer un assez vif intérêt de la singularité de leur origine et de leur nouveauté actuelle, pour n'avoir pas besoin de plus sérieuse recommandation.

Quoi qu'il en soit, il s'agit ici de folies et de burlesques débauches. Les héros de nos médailles seront donc, en général, des têtes folles et de joyeux confrères. L'esprit, la politesse, la valeur soutenue par un vif sentiment de la gloire, sont, dit-on, le partage des Français, et l'on peut s'honorer de l'être à ce prix. Mais nous ne nous sommes pas toujours piqués d'être sages (1). Amis du plaisir et de la galanterie; moins éclairés, mais plus heureux peut-être dans leurs passe-temps naïfs, nos pères raisonnaient un peu moins, et s'amusaient beaucoup plus, je ne dis pas mieux que nous. Voilà pourquoi les *Fous*, les *Conards*, et les mauvais plaisans jouent un si singulier rôle dans notre histoire. Outre les mascarades ecclésiastiques, les sotties de la Basoche et les farces de notre ancien théâtre, personne n'ignore que nos princes eurent pendant long-temps, près de leur personne, des fous en titre d'office, comme ils avaient des conseils et des ministres; et qu'ils trouvaient quelquefois, ce qui était vrai, que l'avis du fou en valait bien un autre.

Dreux du Radier a publié sur ce sujet des recherches spéciales, qui forment l'une des parties

---

(1) « *Les Français paraissent fous, et sont sages.* » Il y a quelque chose de vrai dans cette réflexion de Charles-Quint.

les plus intéressantes de sés *Récréations historiques ;* mais on y remarque des inexactitudes et
des lacunes, dont on ne paraît pas s'être occupé
depuis. J'éviterai les unes, et quelques pages curieuses de mes manuscrits me mettront à même
de remplir les autres, au moins en partie. Le nombre des Fous en titre d'office , connus, sera dou-
blé dans la liste qui va suivre. Je ne la ferai pourtant point remonter au delà du règne de Charles V,
où commence la dissertation de du Radier. Ce critique prétend que les Fous en titre datent des
premiers siècles de la monarchie, quoique l'histoire n'en parle pas; et il fonde cette opinion sur
ce que le jeu dès *Echecs,* où deux Fous accompagnent le Roi, était connu du temps de Charlemagne : mais ce fait ainsi posé ne prouve rien. Les
échecs ont une origine bien plus ancienne que
le règne de Charlemagne, plus ancienne même
que l'existence du premier roi chrétien (1), ce qui

(1) Ce jeu était connu des Grecs , des Romains et des
anciens Perses. C'est, à ce qu'il paraît, de l'Orient qu'il
est passé en Europe, où il existe depuis bien des siècles.

ne veut pas dire que Clovis et Dagobert aient eu
des bouffons en titre d'office. La question serait de
savoir à quelle époque l'échiquier parut en France
pour la première fois, et d'où viennent les deux
pièces appelées Fous, dont l'invention peut être
postérieure à l'origine de ce jeu; c'est ce que
j'ignore, et du Radier était dans le même cas.

CATALOGUE HISTORIAL DES FOUS EN TITRE D'OFFICE (¹).

THÉVENIN, Fou de Charles V.

N.... (²), autre Fou du même roi.

(¹) On a distingué par des *italiques* les noms des Fous et
Folles qui ne se trouvent point dans l'ouvrage de du Radier, et ceux qui ne devraient pas y être.

(²) Le nom de ce Fou, prédécesseur de Thévenin, ne
m'est pas connu; mais on ne peut douter de son existence,
d'après une lettre autographe de Charles V, du dernier jour
de février 1364, par laquelle ce prince ordonne aux gens
de ses comptes « d'allouer et compter et de rabattre de la
recepte de Jean Luissier.... la somme de 1200 ꜰ, dont
1000 ꜰ étoient destinés aux œuvres du chastel du Louvre,
et IIᶜ. (200) francs pour envoyer *querré un fol pour nous*,
lequel est au païs de Bourbonnois. » (*Lettre autographe
inédite de Charles V.*) Il ne faut donc pas conclure, comme
du Radier, d'une lettre du même roi, adressée pour le

Artaude du Puy (1), Folle de la reine Jeanne, femme de Charles V.

Maistre Jehan (2), Fou du dauphin, depuis Charles VI.

N.... (3), Fou de Louis XI.

Triboulet, Fou de Louis XII et de François Ier.

Caillette (4), autre Fou de la cour de François Ier.

---

même objet aux échevins de Troyes, que « la Champagne avoit apparemment l'honneur exclusif de fournir des Fous à nos rois (p. 2 de sa *Dissert.*). » On voit que le Bourbonnais pouvait revendiquer sa part de la même prérogative.

(1) A la date du 3 janvier 1373, le roi ordonne à ses trésoriers de payer à Jean Mandole, pelletier et bourgeois de Paris, la somme de cent soixante-dix-neuf francs d'or, « pour certains draps pennez cendaulz, boutonnerez et fermanlz d'or et d'argent, et pour la façon, pour *Artaude du Puy*, Fole de nostre très-chière compaigne royne. » (*Lettre autographe inédite de Charles V.*) Dans une autre lettre du même prince (*aussi autographe inédite*), datée du 3 mars 1375, il est fait encore mention de la même *Artaude du Puy*, dans les mêmes termes.

(2) Par la lettre ci-dessus, du 3 mars 1375, Charles V déclare augmenter de cent francs une somme affectée chaque mois à divers services, et il y est question de *Maistre Jehan*, « Fol de nostre dit ainsné fils. »

(3) Brantôme parle de ce Fou sans le nommer. Il paraît que du Radier n'a pu en découvrir le nom.

(4) Suivant la Monnoye, Caillette (comme tous les noms de Fous) était un sobriquet « tiré de cette tripe de veau,

Polite (1)....

Jouan (2), Fou de Madame...

d'agneau ou de mouton, d'où, par mépris, les benêts ont été appelés *Caillettes*. (Note sur le deuxième *Conte* de des Périers, t. Ier, p. 18 de l'édit. de Holl. 1735.)

(1) Du Radier, accolant *Polite* à *Caillette*, dit que c'étaient deux autres Fous de la cour de François Ier. Cela n'est pas exact : *Caillette* était bien fou du roi, mais le bouffon *Polite* appartenait à l'abbé de Bourgueil, selon Bonaventure des Périers (lieu cité, deuxième *Conte*). Il est étonnant que du Radier, qui n'a connu Polite que par le conte de des Périers, n'ait pas fait cette distinction.

(2) « Prince, ce Griffon qui me gronde
Semble à *Jouan* qui se mordait. »
(Cl. Marot.)

Et ailleurs :

« Je fus *Jouan*, sans avoir femme,
Et Fol jusqu'à la haute game :
Tous Fols, et tous *Jouans* aussi,
Venez pour moi prier ici,
Etc.... »
(Cl. Marot, *Épith. de Jouan, Fol de Madame.*)

Ce Jouan, ou Joan, appartenait, sans doute, à la mère de François Ier, Louise de Savoie, qu'on appelait communément *Madame*, et qui prit elle-même ce titre dans ses *Mémoires* : « C'est Madame qui réduit à mémoire plusieurs choses, etc. » (*Journal de Louise de Savoie*.)—« Se partist ce jeune adventureux de Blois, pour venir vers M. d'An-

Maistre Pierre (¹), Fou du roi Henri II.

Thonin (²), Fou du même roi.

---

goulesme et *Madame* à Amboise. » (*Mémoires de Fleuranges.*) — « Depuis ce temps de la mort de *Madame*, le roy ne vacqua à autre chose, etc. » (*Gestes de François Ier*, par Est. Dolet.)

(1) « Gages, pensions, gratifications des médecins, historiographes, gardes du cabinet et des livres, écrivains, confesseurs, astrologues , Foux et Folles du roy, etc... » (*Extraits des comptes de l'épargne, depuis François Ier jusqu'à Louis XIII,* manuscrit du temps , inédit.)

On trouve singulier de voir couché sur le même registre, et, pour ainsi dire, de pair, un *Miron,* premier médecin du roi, et un *Pierre Dupré,* « ayant la charge du dogue barbet de S. M.; » mais ce rapprochement cesse de surprendre quand on lit , dans le *Journal* de Louise de Savoie, immédïatement après la relation d'un événement qui faillit coûter la vie à son fils, héritier du trone : « Le *petit chien Hapeguai,* qui estoit de bon amour et loyal à son maistre, mourut à Blevé. »

Le prince des poëtes, l'Apollon de la source des Muses, Ronsard , chantait en même temps le roi , sa petite chienne , son lévrier Beaumont, et la barbiche de madame de Villeroy. (Voyez le t. X des *Poésies de Ronsard,* édit. de 1604, in-12.)

(2) Ce Thonin, figurant dans les registres de 1556, est sûrement le même que Thony, dont le nom se retrouve dans les comptes de 1569. Suivant Brantôme, le roi aurait ordonné à Ronsard de faire l'épitaphe de ce Fou. Du Ra-

- 46 -

Thony, Fou de Henri II, François II et Charles IX.

Le greffier de Lorris (1), Fou du roi Charles IX.

Estienne Doynie (2), Fou du même roi.

La Jardinière (3), Folle de la reine (*sûrement*) Catherine de Médicis.

---

dier, ignorant l'époque de sa mort, ajoute que ce roi c'est Charles IX, suivant les apparences, et toutefois qu'il n'a pas trouvé l'épitaphe dans son Ronsard (ni moi non plus). Le fait de l'épitaphe est facile à vérifier. Quant à la mort du sujet, voici ce que j'en puis dire : Thoni est porté dans le compte de 1571, sous la qualité de *ci-devant, fol du roy,* et, dans celui de 1573, il est qualifié *feu fol du roy* (même *Manuscrit*). Thoni serait donc mort à la fin de 1572, ou au commencement de 1573 : il avait donc perdu son emploi un an ou deux avant son décès : il se pourrait donc que Brantôme se fût trompé en disant que le roi avait ordonné son épitaphe, à moins que ce ne fût une pure plaisanterie.

(1) *Ibid., Compte de* 1564. — Ce Fou était mort en 1566, car on lit à cette date : « Le greffier de Lorris, *en son vivant Fol du roy.* » Le nom de ce greffier était devenu proverbe, et il en est souvent question dans les facéties du seizième siècle : « Les griffes du comte Huon de Bordeaux, estiméez par le greffier de Lorris à dix-huit mil de quarts de ducats d'or. » (*Blanque de pièces rares,* dans *les Triomphes de l'abbaye des Conards.*)

(2) Même *Manuscrit, Compte de* 1566.

(3) *Ibid., Compte de* 1561. — Charles IX, qui n'avait

Des Rozières (1), Fou du roi Charles IX.

Brusquet, Fou des rois Henri II, François II et Charles IX.

Jacquette, (2) Plaisante (*aliàs*), Folle de la reine Catherine de Médicis.

Similot, Fou de Henri III.

Maître Guillaume (3), Fou de Henri IV.

---

alors que onze ans, ne fut marié qu'en 1570. Après la mort de François II, qui arriva au mois de décembre 1560, il n'y avait pas en France de reine régnante; mais on comptait deux reines douairières, Catherine de Médicis et Marie Stuart. Comme Marie se retira de la cour, avec le cardinal de Lorraine, très peu de temps après la mort de François, pour aller dans sa famille maternelle, et de Lorraine repasser en Écosse, il n'y avait plus à la cour de France, en 1561, que la reine mère à qui pût se rapporter la qualification de *Folle de la royne.* La *Jardinière* était donc Folle de Catherine de Médicis.

(1) Même *Manuscrit, Compte de* 1567.

(2) *Ibid.* — *Jacquette* est désignée sous le titre de *Plaisante de la royne* dans les comptes de 1568; elle appartenait donc à la reine mère, puisque Elisabeth d'Autriche, femme de Charles IX, n'a paru à la cour de France qu'en 1570. La même *Jacquette* est qualifiée *Folle de la royne* dans les comptes de cette année 1570. On la retrouve encore dans ceux de 1572, avec le même titre.

(3) *Voyez,* sur *Maître Guillaume* et *Chicot,* la suite de ce discours.

Jean (¹) Chicot, ou Cicquot, Fou du même roi.

Mathurine, Folle de la cour du même roi.

Angoulevent (²) ou *Engoullevent (Joubert)*.....

L'Angeli, Fou (dernier connu) de la cour de Louis XIV.

Aux noms de maître Guillaume et de Chicot, on pourrait ajouter celui de Pierre du Four l'Évêque, non pas comme fou en titre d'office, mais à raison du rôle que ces trois personnages ont joué sous le même masque, et dans les mêmes circonstances. Pierre du Four l'Évêque était aussi

---

(¹) C'est le prénom que se donne ce maître Fou, dans son avis (*supposé*) à Henri IV repoussé par la Ligue : « Sire, croyez le conseil de *maistre Jean Cicquot,* qui est homme d'esprit. Le conseil est que vous mariez vostre sœur (Catherine) au roi d'Escosse (Jacques VI), et que vous espousiez la royne d'Angleterre (Elisabeth), et meniez au bal tous vos ministres. Que la France demeure toujours franche en sa religion catholique, et que vous et vos subjectz hérétiques puissiez vivre librement en vostre hérésie d'outre-mer. Ainsi soit-il. » (*Paraboles de Cicquot,* p. 64, in-8º, 1593.)

(²) Fou présumé de la cour, selon du Radier, dont je ne partage pas l'opinion à cet égard. (*Voyez* les observations qui suivent cette liste.)

un Fou qui courait les rues de Paris, et servait de plastron aux laquais et aux enfans, ce qui arrivait souvent à maître Guillaume. « Tout passe, disait celui-ci , par l'estamine mal percée de ces personnes à riottes, de ces gens malostrus qui veulent faire les controsleurs généraux de l'assiette des maisons ; et quand, faute de matière sortable à la portée de leur cervelle, vous les voyez courir après le pauvre maistre Guillaume, comme lacquaiz déchaussez , comme pages mal habillez, et quand je suis absent de la compagnie, ils se ruent sur ma friperie comme si je n'avais rien cousté à nourrir à mon amy ([1]). »

Sous la ligue, les noms de Pierre du Four l'Evêque et de Chicot servaient de manteau à des

---

([1]) *Voyage de maistre Guillaume en l'autre monde, vers Henry le Grand*, 1612, p. 6.

Ce bouffon appelait le roi son ami. On lui donnait pour armoiries *deux flacons mipartis, l'un de blanc, l'autre de clairet*, et pour devise :

Tout est de caresme-prenant.

pamphlétaires ('), et même à des écrivains d'un
ordre plus élevé, qui n'osaient se montrer au
grand jour, comme celui de maître Guillaume figura plus tard, en tête de brochures politiques
auxquelles ce bouffon était complétement étranger. C'est à quoi il faisait allusion en parlant de sa
friperie sur laquelle on se ruait. Les bouffonneries, quels qu'en soient les auteurs, sont sans importance; mais il existe des pièces sérieuses, d'un
haut intérêt, des écrits de main de maître (²); où le
nom de Chicot et celui de Pierre du Four sont ac-
compagnés de qualifications (³) qui ont fait croire,

---

(1) *Voyez* les *Paraboles de Cicquot,* auquel l'auteur
attribue ce quatrain :

> « Cicquot au temps jadis faisoit toujours la beste ;
> Mais changé maintenant en docteur de la loy,
> Reprend en gaudissant les vices de son roy ;
> C'est signe que Cicquot est bien tourné de teste. »

(2) Par exemple, le *Mémoire à ceux qui vont aux Estats,* par M. Pierre du Four l'Evesque, 1588. Cette pièce
séditieuse, mais forte de raison, est d'autant plus remarquable, que l'injure et les personnalités en sont absolument bannies, circonstance rare dans les libelles de tous
les temps.

(3) Pierre du Four l'Evesque, dans le préambule de

dans la suite, que ces noms appartenaient à des magistrats ou à d'autres personnes de distinction. Comme Baudelot, le Duchat et Bayle lui-même s'y sont trompés, bien d'autres pourraient s'y tromper encore. Cette observation, qui est d'ailleurs à sa place, peut donc avoir son utilité, bien qu'elle ait déjà été faite (¹).

Quant au dernier Fou, supposé d'Henri IV, du Radier me paraît n'avoir pas bien compris le personnage d'*Angoulevent*. Ce nom n'était pas propre au Joubert dont il parle, et qui est, en effet, l'Angoulevent le plus connu. C'était un so-

l'*Avertissement* ci-après indiqué, figure comme officier de justice, et Cicquot signe le mémoire à la place de l'avocat. (*Advertissement et premières escritures du procès contre Henri de Vallois*).... pour raison de l'assassinat du duc et du cardinal de Guise (1589).

Ces pièces et les précédentes sont d'une grande rareté : c'est parce que la plupart des historiens et des critiques ne les ont connues que de nom, qu'ils se sont mépris sur leur véritable caractère.

(¹) *Voyez* le *Dictionnaire* de Prosper Marchand, article du *comté de Permission*.

briquet de confrérie, comme *Angouleveisne* (¹),
Plate-Bourse, *Pont-Alletz*, *Gayacte*, *Plat
d'Argent* (²), *Malespargne*, et cent autres semblables. Il y a lieu de présumer qu'on le donnait
de préférence aux *Princes des Sots* de la Basoche,
qui n'étaient pas des Fous en titre d'office (³); et
c'est en cette qualité de *Sot* que le farceur Joubert ou Jobert prenait le nom d'*Angoulevent*,
qui n'avait rien de nouveau sous Henri IV. Plus

(¹) *Angouleveisne*, pour *Angouleves..*, dans le *Triomphe de l'abbaye des Conards.*

(²) Personnages du *Jeu du prince des Sots et mère Sotte*,
par P. Gringore, 1511.

(³) Ce n'est pas que les bouffons de cour aient conservé
leurs noms de famille. La plupart de ceux que nous leur
connaissons n'étaient que des sobriquets, suivant l'usage
adopté dans toutes les associations joyeuses qui ne se ma-
nifestaient que par des bouffonneries et des travestissemens: *Triboulet, Brusquet, Turlupin*, sont des sobriquets.
On fait venir Triboulet de *triboulé*, qui a l'esprit troublé :

« . . . . Et sont foulez
Et par fortun e *tribolez.* »
(Alain Chartier.)

(*Voyez* les *Remarques* de le Duchat sur le chap. 36 du
liv. III de Rabelais, p. 485, t. I, de l'édit. de Holl., in-4°.)

d'un demi-siècle auparavant, Rabelais l'avait appliqué à un capitaine de *chevaux-légiers* du roi Picrochole (¹), chargé d'aller à la découverte, c'est à dire de humer, ou comme on disait alors, d'*angouler le vent*, en attendant le gibier. L'Angoulevent de la *Satire ménippée*, dont on a fait un niais renforcé, occupé à courir les rues de Paris, pour savoir ce qui s'y passait, est évidemment une allusion à la mission de l'Angoulevent de Rabelais, limier de Picrochole (²). Là, le triste Angoulevent n'est qu'un bouffon du plus bas étage : on le suppose espion, ligueur, crapuleux, méprisable, et qui pis est imbécille et dupe (³). On ne

---

(¹) *Gargantua*, liv. I, chap. 26.

(²) *Voyez*, dans la *Satire ménippée*, les deux pages qui précèdent la *harangue de d' Aubray* : « Là dessus se leva un des députés, nommé le sieur *Angoulevent*, qui fit entendre tout haut qu'il avoit charge de la noblesse nouvelle, et de la part des *honnestes hommes* et *maistres* de l'Union, etc... » Sur quoi du Puy fait observer que le mot *maître* ne doit se prendre ici que dans le sens où on l'applique *à des gens de néant*.

(³) Angoulevent n'est guère mieux traité par son propre défenseur, dans les *Plaidoyers pour le Prince des Sots*.

lui permet pas de prononcer une harangue de
crainte de blesser la vraisemblance, tant on le
croit au dessous de son rôle; s'il ouvre la bouche,
c'est pour dire une sottise, et s'il veut continuer,
on menace de l'envoyer à l'hôpital. L'homme que
ses contemporains nous représentent sous les dehors d'un sot et misérable ligueur aurait-il pu
réunir à de pareilles qualités celle de Fou pen-
sionné d'Henri IV? Joubert, farceur de l'hôtel de
Bourgogne, avait incontestablement le titre de
Prince des Sots basochiens, dont il exerçait les
burlesques fonctions; et ce titre, bien établi, serait peut-être une raison de plus pour le distinguer des Fous de la cour, auxquels rien ne le rat-
tache dans les facéties qui ont paru sous son
nom (¹). Je n'en excepte que l'acte réel ou supposé

Peleus convient qu'il est né au pays des *grosses bêtes*, que
c'est *une tête creuse, une citrouille éventée, vide de sens
comme une canne, un cerveau démonté, qui n'a ni ressort,
ni roue entière dans la tête.* (*Plaidoyer quatrième* de Julien
Peleus, prononcé le jour du mardi gras 1608.)

(¹) Je ne prétends pas les connaître toutes; mais j'en ai
recueilli un certain nombre, tant en vers qu'en prose, et

intitulé : *Sentence de M. le Prevost de Paris contre Angoulevent.* Joubert y prend la qualité de valet de chambre du roi ; mais il s'y donne aussi celle de noble, et je crois, pour mon compte, que l'une n'était pas plus vraie que l'autre. Voici, au surplus, les passages les plus curieux de cette pièce rare, qui vient d'être signalée pour la première fois dans les nouvelles recherches de M. Brunet, et que les biographes d'Angoulevent n'ont pas tous été à même de consulter.

« A tous ceux qui ces présentes lettres verront, Jacques d'Aumont... garde de la prévosté de Paris.... savoir faisons qu'aujourd'hui sur la requeste faite..... par maistre Esprit le Marquant, procureur de Maclou Poulet, seigneur et guidon de la Sotie,... demandeur.... à l'encontre de maistre Pierre le Meneau, procureur de *noble homme, Nicolas Jobert, sieur d'Angoulevent, valet de chambre du roi, prince des*

---

je n'y ai trouvé rien d'où l'on pût inférer qu'Angoulevent ait jamais été Fou du roi en titre d'office.

Sots et premier chef de la Sottie en l'Isle de France et hostel de Bourgongne, présent en personne , deffendeur d'autre part : et requis jugement... qui ordonne que ledit deffendeur sera tenu promptement de prendre jour pour faire *entrée sotte* en cette ville de Paris.... y despendre les largesses, et faire les cérémonies accoustumées,.... et ouy le dist Meneau.... faisant droit sur la requeste des dicts demandeurs et gens du Roy, avons le dict Angoulevent condamné et condamnons de faire son entrée en *habit décent* dans le premier jour du mois de may prochain , venant par les lieux, portes et places ordinaires avec ses officiers, suppots et sujets... lesquels lui rendront les honneurs qu'ils sont tenus, sur peine de descheoir de sa grace, privation de leurs chapperons et radiation de leurs gaiges. Avons enjoinct et enjoignons aux maistres des cérémonies des places et lieux les plus éminens, les marquis, comtes, barons et gentilshommes de sa suite, tenir fidelle registre des présens, pour sur icelui, décréter contre les absens.... Et pour

fournir aux frais de l'entrée, nous avons à iceluy
Angoulevent prince des Sots, permis et permet-
tons d'engager et vendre tous et un chacun ses
biens présens et advenir, tant meubles que im-
meubles, mesme sa seigneurie d'Angoulevent...
sans chercher autre émologation de sa sottie.....
et à faute de satisfaire par le dict Angoulevent, et
faire son entrée dans le dict premier jour de may,
faute de droits non payez, et desboursez non faits
suivant l'ordonnance de la Sottie, avons dès à
présent comme dès lors, et dès lors comme à présent..., déclaré et déclarons la dicte principauté
des Sots tombée en commise, et icelle vacante et
impétrable par personnes plus capables que le
dict Angoulevent; lequel en ce faisant, sera rayé
du registre et matricule authentique des Sots,
privé des honneurs, droits et priviléges imaginai-
res par lui prétendus; deffenses à toutes personnes de le recognoistre ne luy porter aucun honneur, respect ny révérence en la dicte qualité, en
laquelle les portes de l'hostel de Bourgongne luy
seront fermées, sa loge donnée à son successeur

plus capable, ses armes abbatues d'icelle, ses chancelier, advocats et conseil rayez sur l'estat de ses gaiges, et deffenses à eux de se qualifier à l'advenir, ses officiers, ny se servir des marottes et chapperons qui leur ont esté par luy baillez.... Ce fut faict et donné en jugement par François Miron.... , prévost des marchands.... Le samedi dix-neuvième jour de mars 1605 (¹). »

Cette sentence n'eut rien de fâcheux pour Angoulevent : il paraît même qu'elle fut annulée sur appel, par un arrêt du Parlement (²), qui termina

---

(¹) *La Sentence de monsieur le prevost de Paris, donnée contre Angoulevent, pour faire son entrée de prince des Sots, avec ses héraulx, suppots et officiers.* Paris, David le Clerc, 1605, in-8°. (Titre exact de mon exemplaire.)

(²) L'arrêt sérieux, du 19 juillet 1608, rapporté dans les preuves de l'*Histoire de Paris*, t. V. — Joubert n'y est désigné que sous son nom de famille : il n'y est question ni d'*Angoulevent*, ni de sa *seigneurie*, ni de ses prétendues qualités de *noble* et de *valet de chambre du roi;* ce qui porte à penser que la sentence dont on vient de lire l'extrait n'est, comme beaucoup d'autres pièces de cette classe, qu'un travestissement, en style de facéties, d'un acte réel dont on n'a conservé que le fond.

l'affaire de l'entrée ; mais on voit qu'une simple décision municipale pouvait compromettre l'existence du prince et de sa principauté : tant il est vrai que le théâtre des grandeurs a toujours été un terrain glissant, même pour ceux dont le rôle n'y peut être qu'une pantalonnade ou une chimère.

Cependant, et malgré les doléances de maître Guillaume contre les pages et les laquais de Paris, c'était un bon métier, je dirais presque un emploi supérieur que celui de bouffon, quand les rois s'en amusaient, quand les sages donnaient aux fous tant d'occasions de les ramener eux-mêmes à la raison, d'où ils s'écartaient sous la toge et l'hermine. Si ce métier avait ses humiliations et ses dangers, il avait aussi ses prérogatives, ses avantages, son ambition et son éclat. La condition des Fous en titre d'office était de faire rire à tout prix. Ils jouissaient donc de la plus grande liberté de tout faire et de tout dire ; c'était à eux d'en user avec l'esprit qu'ils devaient toujours mettre dans leurs sottises, dont le succès couvrait la turpitude (¹). Hors de la loi commune en matière de discrétion et d'étiquette, ils pouvaient hasarder des réflexions d'une haute sagesse, qui n'en eussent pas moins paru insolentes dans toute autre bouche; et, à cet égard, la vie était pour eux une Saturnale perpétuelle. J'en trouve un témoignage dans ces vers du *Triomphe des Conards*, autres Fous du même temps :

UMBRE DE FOLIE.

« Sous umbre de faire le Fol,
On entre aussitost aux maisons
Qu'un aussi sage que saint Pol
Avec sa prudence et raison :
Fols trop plus estourdis qu'oisons
Et Conards sont permis tout dire,
Tant en ces jours qu'en rouvaisons,
Sans encourir du prince l'ire (²). »

(¹) « Ce resveur feinct en discours lanternois,
Nous faisant voir le tric et trac de France,
Monstre qu'il n'est resveur qu'en apparence,
Mais en effect un dessalé matois.
Qui veut, etc.... »
(*Sonnet à maistre Guillaume.*)

(²) *Le Triomphe de l'abbaye des Conards,* scène des ombres.

Quant à la fortune, les Fous en titre n'auraient eu rien à envier aux courtisans les plus favorisés du prince, si l'on en juge par ce trait satirique de Boileau, parlant de la cour de Louis XIV :

« Et l'esprit le plus beau, l'auteur le plus poli,
    N'y parviendra jamais au sort de l'*Angéli* (1). »

Les Bouffons étant devenus des personnages de cour, la bouffonnerie dut avoir ses priviléges, ses attributs, sa décoration, sa livrée. On lui tailla son pourpoint sur le patron du vieux Momus; elle reçut pour sceptre une marotte; la jaquette découpée en angles aigus lui tint lieu de manteau ducal; une épée de bois dorée, ou en d'autres termes, une épée pour rire ceignit le côté de la bouffonnerie ainsi personnifiée; et ce qui la distingua surtout du commun des Fous non enrôlés sous ses bannières, ce fut le coqueluchon pointu, décoré de longues oreilles et garni de grelots, qui caractérisaient assez plaisamment le caquetage bruyant d'un évaporé vide de sens et d'instruction.

---

(1) *Poésies de* Boileau, *Satire I*ᵉ.

Telle était aussi la signification emblématique
d'une vessie de porc bien gonflée, renfermant une
poignée de pois secs, et attachée à l'extrémité
d'une baguette blanche, dont l'agitation concertée
avec la secousse des grelots complétait l'idée d'une
tête folle et de tout ce qu'on en peut attendre (¹).

(¹) D'où le proverbe, *Pisa in utre perstrepentia,* pois
résonnant dans une vessie, pour signifier un flux de paroles qui ne disent rien. (C. Bouilli, *Proverbia,* p. 156 de
l'édit. de 1531.) Rabelais, dans son chapitre sur Triboulet, ne manque pas de lui faire donner par son héros Pa-
nurge « une vessie de porc bien enflée et résonnante, à
cause des pois qui dedans estoient ; plus une espée de bois,
dorée ; plus une petite gibecière, faite d'une cocque de
tortue ; plus une bouteille clissée pleine de vin breton, et
un quarteron de pommes blandureau... » (Liv. III,
chap. 43, p. 506, in-4°.) De là cette réflexion satirique
de Hotman contre Matharel, dans son livre intitulé :
Matagonis de Matagonibus : « Crede mihi Matharelli,
si rex fiam, quòd tu eris primus in matriculâ meorum
stipendiatorum, non ut te faciam meum procuratorem
generalem... sed meum *archifatuum sicut Tribulettus*
fuit regi Ludovico. Et ut isto feudo solemniter investiaris,
dabo tibi, pro dono investituræ, *unum pulchrum bacillum
album cui alligata erit una vesica cum pisis ab intus canorè
resonantibus.* » (*Voyez* aussi Moisant de Brieux, *Façons
de parler triviales,* etc., p. 89.)

Mais quel était la couleur ou le bariolage
de l'habit de Fou, que le burin n'a pu repro-
duire, que nos plombs nous laissent ignorer, et
dont les peintures modernes n'offrent le plus souvent qu'une image inexacte.

Cet habit était jaune et vert, d'après un témoignage qui ne peut nous tromper ; c'est *Angoulevent,* le Prince des Sots, l'oracle même de la
folie, qui nous l'apprend dans son épître à *l'ar-
chipoète des pois pillez* (¹).

« .... Que cette guirlande (²)
A l'ostel Bourguignon où ma grandeur commande,

(¹) *La Guirlande, et Responce d'Angoulevent à l'ar-
chipoète des pois pillez.* Paris, Hubert Velut, avec permission, 1603, petit in-4°. Pièce *rarissime,* et à peu près inconnue. M. Brunet, dans ses *Nouvelles recherches biblio-
graphiques,* au mot ANGOULEVENT, n'a fait que pressentir
l'existence de cette facétie, que j'ai oublié de lui commu-
niquer. Après avoir rappelé *la Surprise et Fustigation
d'Angoulevent,* il ajouté que le bouffon a dû répondre à
cette satire, puisqu'on connaît une autre pièce intitulée :
Réplique à la responce du poëte Angoulevent. M. Brunet a
raison ; cette réponse existe ; mon exemplaire en est la
preuve.

(²) Une houssine en cercle.

Par la main de mes Sots, dont tu crois le monceau,
Soit mise dextrement sur ton docte cerveau ;
Qu'après dedans le char de la troupe idiotte,
Ayant pour sceptre en main une peinte marotte,
Tu sois parmi Paris pourmené doucement,
Vestu de jaune et vert en ton accoustrement ;
Qu'à chacun carrefour, au son de la trompette,
L'on crie à ton agu, Messieurs voicy le poëte
Héroïque, gaillard du prince Angoulevent,
Etc.... (¹) »

Quant au bariolage et à la forme de l'habit *complet*, j'en trouve la description dans une pièce historique assez rare pour être demeurée inconnue aux bibliographes modernes, et trop curieuse pour ne pas mériter un instant d'attention. C'est le procès-verbal en date du 7 janvier 1614, contenant la relation de la piteuse aventure de *le Jau de Vertau*, conseiller, trésorier général des finances pour la Champagne. Le duc de Nevers le fit enlever à Châlons, et ensuite promener sur un âne, revêtu d'un habit de Fou, dans toutes les villes de sa principauté du Réthelois, pour venger l'affront qu'il prétendait en avoir reçu dans la pu-

_____

(¹) Page 1.

blication d'un arrêt du conseil , qui n'était pourtant que l'exécution obligée des ordres du roi. Laissons parler le pauvre le Jau, tondu, rasé, battu, conspué, à peine sorti de son rôle de fou, et jetant feu et flammes contre le duc de Nevers , qui n'en fait que rire, et la cour aussi (¹).

« Et le dimanche douzième du dit mois (de

(¹) L'habit de Fou, dans les choses sérieuses, dégradait celui qui en était revêtu, comme s'il eût servi à manifester un état d'imbécillité ou de démence réelle. Voilà pourquoi un ecclésiastique condamné à une peine capitale ou infamante pouvait en être affublé au moment de son exécution. Le 19 avril 1530, un vicaire assassina son curé, qui était alors à Paris au collége d'Autun, « devant Saint Andry des Ars; pour lequel meurtre fut le dict vicaire desgradé au Puis Nostre Dame le 4 mai; et *abillé en habit de fol,* délivré fut à maistre Jehan Morin, lieutenant-criminel; et par sa sentence fut condamné à avoir le point coupé , et attaché à une potence avec le braquemart dont il avait faict le dit meurtre.... et puis bruslé tout vif, etc.... » (*Chron. de Gaguin, continuée,* in-f°, goth., t. 2, f° 245.) On supposait sans doute, ou plutôt on voulait donner lieu de supposer qu'un prêtre, jouissant de sa raison, n'aurait pu commettre un pareil crime; mais alors, comment maistre Jehan Morin pouvait-il condamner un fou au gibet, sans se rendre lui-même criminel?

c

mars 1614), environ les 6 heures du matin,
comme nous étions encore au lict, l'un des dits
cinq hommes (qui l'avaient enlevé et conduit dans
un château du duc) nous aurait dit qu'il y avait
des nouvelles du dit sieur duc.... et peu après
un qui commande dans la cassine nous serait
venu trouver, et dit (*sic*) que le gouverneur
nous mandait qu'il avait reçu commandement du
dit sieur duc de Nevers, de nous faire vestir un
habit qu'il nous montra, qui estoit faict par bandes de serge, moitié de couleur verte et l'autre de
jaune ; et là où il y avoit des bandes jaunes, il y
avoit des passemens verts, et sur les vertes des
passemens jaunes : entre les bandes, il y avoit
aussi du tafetas jaune et vert qui estoit cousu
entre les dites bandes et passemens. Les bas de
chausses cousus avec le haut estoient, l'un tout
de serge verte et l'autre de jaune ; et un bonnet
aussi moitié de jaune et vert, avec des oreilles, etc. »
Viennent ensuite les chevauchées, qui sortent de
notre sujet. On voit que ce grave magistrat savait
son habit de Fou par cœur. Remercions-le, pour

notre compte, de nous avoir si bien instruit (¹).

Cependant il s'agit ici d'un événement arrivé en 1615 : alors les Fous commençaient à déchoir de leur ancienne splendeur ; et l'on pourrait supposer que leur costume, jadis plus en rapport avec leur fortune, était aussi déchu de son antique éclat. On se tromperait ; ce serait mal connaître l'espèce dont je crayonne l'histoire. Il est trop vrai que les Fous de tous les temps se ressemblent, et qu'à l'exception de ceux qui peuvent me lire ou m'entendre, dont la couleur est peut-être moins gaie, tous, et depuis les plus anciens connus en France, ont porté la livrée verte et jaune, comme le bien amé conseiller trésorier général des finances pour la province de Champagne. Que l'on consulte les manuscrits du Roi du quatorzième et du quinzième siècle ; qu'on ouvre le *Froissard,* si renommé pour sa magnificence, ou la *Cité de Dieu* de Saint Augustin, manuscrit non moins pré-

(¹) *Requestes présentées au Roy et à MM. de la cour du Parlement et des Estats, par le S. de Vertau, avec plusieurs procès-verbaux, arrests,* etc... Paris, 1605, in-4°.

cieux, et pour plus de certitude, le livre de la
Danse des Morts, dont les peintures remontent
au règne de Louis XI, partout on verra le vert et
le jaune, ou l'or qui le représente, exclusivement
affectés à l'image de la Folle et du Fou. La tunicule, la jaquette, le haut-de-chausses, et le capuchon à oreilles d'âne, se présentent toujours
sous cette livrée (¹).

On voudra savoir à présent d'où vient cette
prédilection séculaire des Bouffons et des Fous
pour le jaune et le vert. J'en suis bien fâché pour
l'honneur de l'espèce, mais l'impartialité de l'historien ne me permet pas de dissimuler le peu de
considération dont ces couleurs jouissaient dans

(¹) La tunicule de la Folle de *la Danse des morts* est mi-
partie jaune et vert. Les deux Fous en pied du *Froissard*
sont, l'un tout jaune, l'autre tout bleu, couleurs élémen-
taires du vert. Celui de *la Cité de Dieu* est vert et or. Les
grotesques à capuchon pointu de mes manuscrits sont
aussi vert et or ou jaune. On remarque, il est vrai, des
jaquettes de Fous de diverses couleurs dans les *Heures*
imprimées sur peau de vélin, du commencement du seizième siècle; mais ce sont des habits de fantaisie, et leur
diversité même en est la preuve.

un temps où la livrée faisait l'homme, où une couleur était toute une histoire.

Le safran contient une substance éthérée, abondante, subtile, qui, agissant fortement sur les nerfs, excite le rire, produit la gaîté, et peut même causer des accès de folie dans les personnes qui en respirent trop long-temps le parfum. De cette propriété du crocus, sur laquelle la médecine moderne s'accorde sans réserve avec l'ancienne, est dérivé le proverbe : *Croco stultus non eget*, le fou n'a que faire de safran, et l'expression : *crocum edisse*, avoir mangé du safran (¹); c'est à dire éclater de rire à tout propos, se livrer à une gaîté folle. Ce rapport du safran avec le Fou semblerait mettre hors de question la moitié de son trousseau ; sa couleur n'aurait été que la réflexion de sa gaîté, et l'on n'est pas déshonoré pour être gai. Je conçois que nos bouffons n'auraient rien de mieux à dire, s'ils étaient ici pour se défendre; mais je crains bien de ne

(¹) Caroli Bouilli *Proverbia*. Lut., 1531, pp. 59 et 103.

pouvoir, en conscience, les tenir quittes à si bon
compte. Pour un proverbe équivoque, dont ils
détourneraient le sens à leur profit, que de pré-
somptions fâcheuses s'élèvent contre leur robe
et ternissent leur dorure!

Le *jaune*, à quelques exceptions près, fut toujours, dans le moyen âge, une marque de félo-
nie, de déshonneur, de bassesse ou de mépris.
La main du bourreau imprimait à la maison
d'un criminel de lèse-majesté le cachet de l'infamie, en la barbouillant de jaune (¹). C'était la
couleur des laquais (²), et plus particulièrement
des valets employés aux exécutions de la haute
justice; on en fit le symbole de la prostitution et
de ses auxiliaires (³); elle devint même pour un

_____

(¹) *Voyez* les pièces du procès de Charles, connétable
de Bourbon, et Sauval, *Antiquités de Paris*, t. 2, liv. 7,
p. 209.

(²) *Le Blason des couleurs*, par Sicille, héraült d'armes,
goth., deuxième partie.

(³) *Est cupidis flavus color, est et amantibus aptus*
  Et scortis....

(Alciati *Embl. in colores*, Embl. 117.)

peuple entier le sceau de l'humiliation et de la servitude : la cupidité ménageait les Juifs (¹); le préjugé les flétrissait. Le concile d'Arles tenu en 1234 (²) avait décrété qu'ils porteraient sur l'estomac une marque ronde qui les distinguât des chrétiens (³), et saint Louis voulut que cette marque fût d'étoffe jaune (⁴) : voilà pourquoi les Juifs sont quelquefois représentés dans les miniatures du quatorzième et du quinzième siècle, non pas seulement avec la pièce jaune, mais en habit complet de cette couleur (⁵), qui passa des

---

(1) Le douaire de Marguerite de Provence, veuve de saint Louis, était assigné sur les Juifs, qui lui payaient deux cent dix-neuf livres sept sous six deniers par quartier. (*Registres de la chambre des comptes.*)

(2) Sauval, *Antiquités de Paris*, t. 2, dit : le concile de Latran de 1215; mais il se trompe. Ce concile ordonnait que les Juifs porteraient un habit particulier; c'est celui d'Arles qui borne la distinction à une simple marque.

(3) *Voyez* de la Mare, *Traité de la police*, t. 1, liv. 2.

(4) *Ordonnance* de 1269.

(5) La casaque, le chaperon, et jusqu'aux pantoufles du Juif de la *Danse des morts de Bâle*, sont de couleur jaune dans un exemplaire unique dont les figures ont été peintes sur le monument, et qui m'appartient.

Israélites aux hérétiques (¹), des hérétiques aux saltimbanques, des saltimbanques aux Fous, et de ces derniers aux maris notoirement victimes de l'infidélité conjugale (²). Il faudrait être habile comme d'Hozier, et menteur comme une généalogie, pour tirer de celle-ci un bon titre de noblesse : je ne m'en charge point. D'ailleurs, il me resterait encore une tâche assez difficile à remplir; ce serait de prouver l'illustration du *vert*, qui n'a pas toujours été le langage exclusif de l'espérance et de l'amant de Flore.

Cette couleur était aussi considérée comme un

(¹) Le *sanbenit* (sorte de Dalmatique) des Juifs et des hérétiques condamnés au feu par l'Inquisition était un fond jaune chargé d'une croix de Saint-André rouge (Marsollier, *Hist. des inquis.*). Les hérétiques pénitens pouvaient être condamnés à porter, toute leur vie, « un scapulaire de moine sans capuchon, avec des croix jaunes devant et derrière, longues de deux palmes » (*Manuel des inquisiteurs*, p. 126), et c'était pour une famille la dernière marque d'infamie.

(²) Voyez *Trattato de' colori* di M. Coronato, 1568, pet. in-8°, p. 45, et *passim*.

emblême de ruine, d'affliction et de déshonneur.
Une croix verte, entourée d'un crêpe noir, figurait ordinairement dans la procession d'un auto-
da-fé; elle servait de bannière aux princes et aux
personnes de qualité qui la suivaient, couverts
de manteaux croisés de blanc et de noir (¹). Dans
l'ordre civil, le vert rappelle la couleur du bonnet dont on coiffait un banqueroutier au pilori
des halles (²) : telle était encore la calotte du ga-
lérien relaps, ou qui avait tenté de s'évader.
C'était alors une marque de flétrissure; et, à ce
titre, le vert n'a pas dégénéré en se mariant avec
le jaune dans la parure d'un Fou.

(¹) *Hist. des inquis.*, t. 1ᵉʳ, p. 10.
(²) Voyez Sauval, *Antiquités de Paris*, sur le fait; et,
quant au droit, *Traité sur les cessions et banqueroutes, et
les causes qui ont meu le souverain sénat de Paris à con-
firmer le jugement qui condamne un cédant aux biens à
porter le bonnet ou chapeau vert; et savoir si aux femmes...
on peut donner le chapperon vert.* Par Bouuyn. Paris, 1586,
in-8°. Cet usage nous était venu d'Italie. Le *Statuto ro-
mano* fait mention du chaperon comme d'une marque
de mépris et de flétrissure. (Dom de Vaines, *Diplom.*)

Quant au symbole de tristesse, l'idée de cette convention appartient aux anciens. C'est parce que le vert était pour eux une marque d'affliction et de regrets, qu'à différentes époques on a trouvé dans leurs tombeaux des anneaux d'or enrichis d'émeraudes. La plante potagère, cette espèce de persil que nous nommons *ache*, était aussi consacrée au culte des morts : non seulement les Romains en répandaient sur les sépulcres des personnes dont la mémoire leur était chère, mais ils en tressaient des couronnes pour les poètes qui avaient fait les plus beaux vers à leur honneur [1] ; et, par suite du même système, leurs matrones, qui étaient des modèles de modestie, se montraient en public dans un *carpentum* drapé de vert [2], comme un témoignage de

---

[1] Pline, *Hist. nat.*, l. XX, cap. II. — *Undè et proverbium natum Apio egere, qui periculosè ægrotet.* (Kirchman, *de Funeribus Rom.*, lib. IV.) — L'*Iride sacra spiegata nèi colori degli abiti ecclesiastici. Roma*, 1682, in-8°, p. 279.

[2] L'*Iride sacra*, p. 280. — Le *carpentum* était un cha-

leur renonciation aux plaisirs et aux vanités du monde. Quelque opposées que soient entre elles ces idées de printemps et de ruine, d'espérance et de tristesse, elles paraîtront assez exactement résumées dans les vers suivans, d'Alciat :

« Nos sperare docet viridis ; spes dicitur esse
    In viridi, quoties irrita retro cadit (¹). »

Mais ces vers ont eux-mêmes besoin d'une explication, que n'ont pas donnée les commentateurs d'Alciat ; ils rappellent une expression proverbiale fort ancienne, dont l'origine ne se trouve pas non plus dans nos livres de proverbes; voici donc le fait :

L'introduction des torches et des flambeaux dans les cérémonies du culte remonte à une haute antiquité. Les cierges que les prêtres des Romains offraient à leurs dieux étaient fixés sur

---

riot à deux roues, tiré par deux mules, principalement à l'usage des matrones. Telle était aussi la *carruque* à quatre roues. (Montfaucon, *Antiq. expl.*, t. **IV**, part. 2, p. 191.)

(¹) *Embl.* 118.

des pieds de bois vert ; et cet usage passa, comme
beaucoup d'autres, dans l'église chrétienne, qui
en conserve encore des traces (¹). Elle admet en
certaines circonstances, par exemple dans la
quinzaine de Pâques, des cierges qu'une souche
verte distingue de ceux dont elle use ordinairement : tel est le cierge pascal, dont la base est
peinte en vert, et qui s'élève sur un pied de
même couleur. Comme cette bande verte répond
à la partie creuse du flambeau, quand la lumière
s'en approche, elle touche à sa fin, la mèche va
manquer, le flambeau est près de s'éteindre. De
là cette expression proverbiale du moyen âge,
appliquée au dissipateur voisin de sa ruine : *Il
est réduit au vert*, ou *ruiné jusqu'au vert ;* en
d'autres termes, il est près de s'éteindre faute
d'alimens, ou de perdre sa dernière ressource.
C'est dans le même sens que l'amant de Laure,
présageant la fin de sa maîtresse, disait :

(¹) L'*Iride sacra*, cap. XX, *Dell'uso e mistero del Verde*,
p. 278.

« Quando mia speme già condotta al verde. »

(*Quand l'espérance est près de m'abandonner.*) (')

Or les vers cités d'Alciat, faisant allusion à ce proverbe, sont comme le sommaire de son histoire.

Nous reconnaîtrons toutefois que les destinées du vert ont éprouvé bien des vicissitudes, et que si cette couleur fut long-temps un signe de tristesse, on l'a considérée aussi comme un symbole d'affranchissement et de liberté ('). C'est, dit-on,

---

(') Littéralement : Quand mon espérance, *déjà conduite au vert.* (Petrarca, Son. *Già fiammegiava*, p. 6 de l'in-4°. Venise, 1584.) « *Già condotta al verde*, già condotta presso al fine ; li giunse nel cuore pigliando la similitudine dell' accesa candela il cui lume allora e presso al fine, che s'approssima al suo verde. » (*Spositione* di Velutello.)

La même pensée a reçu tout son développement dans ces vers de L. Dolce, poète du seizième siècle. (*Dial. de' colori.*)

« *Mondani la candela è giunta al verde,*
Non c'è più cera; il lumicino manca;
Ed ogni bel pensier consuma e perde. »

(') V. *Color verde à la divina Celia,* par M. Fernandez Villareal ; Madrid, 1637.

ce que signifiaient la cire verte et les lacs de soie
de même couleur employés au sceau des lettres
de concession de priviléges, d'exemptions et de
grâces (¹). La toilette verdoyante de nos Fous aurait-elle quelque rapport avec leur allure naturelle, avec cette liberté de paroles et d'actions
qu'ils portaient jusqu'à la licence? Mais le jaune
aussi eut un reflet brillant : c'était la couleur du
grand sceau de l'État, qui, des empereurs de la
seconde race, passa aux rois capétiens (²); et
l'on aurait peine à se persuader que le sceau
royal eût quelque chose de commun avec la casaque d'un bourreau ou d'un Fou. Disons plutôt
que la livrée de la *Sottie* n'avait rien que de méprisable, et que, si nos pères s'amusaient des
bouffons, ils savaient au moins les mettre à leur

(¹) Les lettres de concessions de priviléges perpétuels
étaient scellées en cire verte, et celles de concessions
temporaires en cire blanche. (Tome III de la *Collection
des ordonnances du Louvre, passim*, et la *Préface* du même
vol., p. VIII.)

(²) Tessereau, *Histoire de la Chancellerie*, t. I. — Le
Laboureur, *Histoire de la Pairie*, p. 121, et le chap. XVIII.

place, et les prendre pour ce qu'ils valaient.

C'est ici le lieu de faire observer que le capuchon du Fou n'était pas, dans l'origine, une coiffure singulière, exclusivement propre à ce personnage, et qu'il ne devint plaisant que parce qu'il représentait en charge une mode ancienne passée depuis long-temps (¹). Les mots *cuculle, coule, capuce, capuchon, coqueluchon* et même *coqueluche*, sont tous de la même famille. Ils servaient à désigner la partie supérieure du *mantel* et de la *saie* du moyen âge, ou le couvre-chef séparé du manteau, qui n'enveloppait que la tête et les épaules. La *cuculle* ou *coule*, dont le camail ecclésiastique actuel est une dégénération, s'entendait aussi de la robe ou tunique entière garnie d'un *capuchon*, comme celle que conservent

---

(¹) La coiffure de nos Fous ne doit rien à l'antiquité romaine. Le capuchon, né en France, où plutôt dans les Gaules, appartient à notre costume national le plus ancien connu. Il n'a commencé à distinguer essentiellement l'habit claustral de l'habit civil que dans le quinzième siècle. (*Voyez* la note P à la suite des *Monnaies des Innocens*.)

encore les Chartreux et les Bénédictins. Paysans, bourgeois, grands seigneurs, princes, tous portaient la cuculle, au temps du roi Jean et de Charles V. Des magistrats, des guerriers, des courtisans et le roi lui-même sont représentés en *capuchon*, dans les miniatures du quatorzième siècle (¹). C'est du nom du couvre-chef appelé *coqueluchon* ou *coqueluche*, qu'est dérivé celui d'une maladie à laquelle les enfans sont principalement sujets. Et en effet, ce nom de *coqueluche* n'a pas été inventé en 1510, comme on pourrait le croire d'après ce que Nicole Gilles rapporte de l'épidémie qui régna en France à cette époque (²). Il y avait alors un siècle qu'on en avait usé dans une circonstance

***

(¹) Je possède une collection assez nombreuse de costumes français fidèlement peints d'après les monumens. Les coqueluchons et les robes, dont les moines ont conservé l'usage, forment la partie la plus remarquable des habits séculiers de l'époque ci-dessus indiquée.

(²) « Laquelle maladie fut appelée par aucuns bons compagnons la *coqueluche*, parce qu'elle saisissoit les gens à la tête, etc. » — Année 1510. (*Chronique de France,* par Nicole Gilles, t. 2, p. 122, édit. de Paris, 1557, in-f°.

semblable. Il servit, en mars 1413, à désigner une maladie « moult griève, qui généralement couroit dans Paris, par laquelle tous les membres doloient, et souffroit l'on moult fort romexe (¹). » Cent mille personnes furent atteintes de ce catarrhe extraordinaire, qui reçut d'abord le nom de *tac* ou *horion*. Le malaise général qui en résultait n'empêchait pas « les *petits enffens* allant au vin ou à la moustarde » de chanter dans les rues :

> « Votre C.. a la toux, commère,
>
> Votre C.. a la toux, a la toux (²). »

mais il obligeait les malades de se bien couvrir la tête et les oreilles, pour ne pas aggraver leur indisposition. Des milliers d'enrhumés de tout âge portaient donc le coqueluchon relevé, au lieu de

---

(¹) *Registres MSS. du Parlement.* — Mézeray, *Histoire de France.*

(²) *Journal de Paris sous Charles VI*, mars 1412, avant Pâques (1413). — C'étaient les petits enfans qui chantaient cela dans les rues de Paris, en 1413, et c'est un curé qui nous l'apprend ! Voilà le quinzième siècle.

f

le laisser rabattu sur leurs épaules, suivant le
mode le plus ordinaire; d'où le nom de *coqueluche* fut donné au mal qui mettait en l'air tant de
coqueluchons. C'est cette coiffure, modifiée par
l'addition de longues oreilles et de grelots, qui
est demeurée affectée au personnage de Fou,
lorsqu'elle cessa d'être d'un usage commun à toutes les classes de la société. Marot l'a dit :

> « Attachez-moy une sonnette
>
> Sur le front d'un moine crotté,
>
> Une oreille à chacun côté
>
> Du capuchon de sa caboche,
>
> Voilà un sot de la Bazoche ('). »

Déjà Pierre Gringore avait chanté sur le même
ton l'épidémie de 1510, dans son poëme de la *Coqueluche*, où il recommande aux *encoqueluchez*
de bien se garantir du froid :

> « Le vent coulis, soit à tort ou à droit,
>
> Fait eslargir le panicule estroit; »

(') Clément Marot, *Coq à l'asne à Lyon Jamet.* — Un
Sot de la Basoche, ou un Fou, c'était tout un.

et surtout de résister à l'aiguillon d'amour (¹).
On vit naître aussi des mêmes circonstances
la *Confrérie des coqueluchers*, ainsi nommée
parce qu'ils portaient le *coqueluchon* des Fous,
et que, suivant toute apparence, ils n'étaient guère
plus sages. On en peut juger par les prouesses
de leurs successeurs, messsieurs de l'*Abbaye des
conards* ou *cornards*, dont la joyeuse bande
remplaça l'association des *coqueluchers*, avant
le milieu du seizième siècle (²). J'irai plus loin,
les *cornards* eux-mêmes, et tous ceux que la

(¹) « Gens qui esté de ce mal trebuchez,
    Ne trotez point, ne bougez d'une place,
    Soyez joyeux d'estre *encoqueluchez*,
    Compaignie pour passer temps huchez;
    Au temps qui court est requis qu'on le fasse :
    Fuyez des dames le train, l'amour, la grace,
    Car par ce point tout homme se confond ;
    Tisons prochains souvent grant flamme font. »

(*La Coqueluche, composée par Pierre Gringore, dit Mère Sotte.*
Pierre Le Dru, aoust 1510.)

(²) *Voyez les Triomphes de l'Abbaye des Conards*, etc.
Rouen, 1587, pet. in-8°. — Taillepied, *Antiquités de
Rouen*, p. 50. — Carpentier, *Glossaire français*, au mot
Coquelucher.

voix publique proclamait dignes de leur affiliation, pouvaient bien n'être dans l'origine que des *coqueluchers*, ou porteurs de coqueluchons. L'habit de Fou a toujours été une marque de dégradation ou de dérision pour tous autres que les Bouffons de profession et de confréries. Il est vraisemblable que les mauvais plaisans du quatorzième siècle ne manquaient pas l'occasion d'en affubler un mari trompé, ou celui qui le représentait, comme le voisin du mari qui se laissait battre par sa femme, dans la *chevauchée de l'âne à rebours*. D'un chaperon cornu à l'épithète de *cornard*, la transition était facile et toute naturelle. Ce mot *cornard*, dont l'étymologie a donné lieu à tant de suppositions incroyables ou absurdes, nous viendrait donc encore du coqueluchon de Fou ou de Sot; l'un vaut l'autre. Le rapport du Sot-Fol avec le cornard se trouve clairement établi dans un acte de 1391, où l'une des parties en querelle traite son adversaire de *coquart* et de *sot*; car, s'il faut l'en croire, *il n'est*

si mauvaise conardie que sotie ('). Alors *coquart*
équivalait à *cocu :* et puisque ce vilain mot, que
j'aurais voulu retenir, a glissé de ma plume, il
ne m'en coûtera pas plus d'ajouter que je le soup-
çonne frère de cornard, en ce sens qu'il serait,
comme lui, sorti de notre coqueluchon. On m'op-
posera sans doute l'opinion commune, qui s'est
déclarée pour la paternité de *cuculus*, coucou ;
mais cette autorité n'est pas si absolue qu'il ne
reste plus qu'à s'incliner devant elle. J'ai lu
quelque part, ou peut-être, assoupi sur un du
Cange, j'ai rêvé que le mot *cocu* nous était venu
en ligne directe, soit de l'espèce de capuchon qu'on
appelait *capot, cuculle, coule ,* ou *coqucia, co-
qusse;* soit du *coquibus ,* autre sorte de chaperon
dont le nom, comme ceux de *coquart* et *coquil-
lart* (²), étaient aussi l'équivalent de ce mot que

(¹) *Litt. remiss.,* an. 1391. Ap. Carpent., *Gloss.,*
v° Coquibus.

(²) On disait aussi *coppau, coupaut, coup* ou *cop,* mais
plus particulièrement du mari qui favorisait les désordres

je ne veux plus répéter ('). Enfin, quand je me
rappelle qu'une teinte safranée a toujours distingué notre capuchon de tous ses confrères, et
que c'est aussi la livrée que l'on prête à la postérité des *coquarts* ou *coquibus*, je me sens
presque tenté de croire que mon étymologie
en vaut bien une autre. Voilà, dira-t-on, une
cuculle bien souple, bien féconde en données
historiques; dom Cajot n'a rien vu de tout cela
dans les coqueluchons dont il nous a laissé l'histoire (²) : j'en conviens; et pourtant, je n'ai pas

---

de sa femme. C'est alors qu'on allait chanter sous ses fe-
nêtres la chanson du *Copère*. (Carpent., *Gloss.*, v° COPAU-
DUS. — *Diciionn.* de Nicot et de Borel. — *Roman du Re-
nart*, t. II, édit. de Méon, etc.)

(') « COQUIBUS, species caputii.... atque inde fortassis
accersenda vocum *coquart* et *coquillard* origo; quibus si-
gnificatur vir cujus uxor mœchabatur. (Carpent., *Gloss.*)
— *Voyez* aussi, sur cette sorte de chaperon, les *Origines
de plusieurs coutumes et façons de parler triviales*, par Moisant de Brieux, Caen, 1672, article : A QUI VENDEZ-VOUS
VOS COQUILLES? p. 31. »

(²) *Histoire critique des Coqueluchons*, 1762. — Il n'est
guère question, dans ce livret, que de l'habit de moine.

tout dit; mon sujet n'est pas si simple qu'on a pu se l'imaginer : si j'avais promis d'être court, je n'aurais pas entamé le chapitre des Sots et des Fous.

Stultorum infinitus est numerus (').

Il y a près de trois mille ans que ces mots sortirent de la bouche d'un sage, et le monde ne paraît pas encore disposé à le démentir. Ce n'est pas nous, du moins, qui querellerons Salomon sur son irrévérence ; car enfin ce dix-neuvième siècle, si fier dans son allure, si grave dans ses enseignemens, cet âge mûr de la raison, subit, ni plus ni moins que ses aînés, la folle et joyeuse influence du coqueluchon. Au moment où je fais cette réflexion (2 février), le son rauque du cornet à bouquin annonce à la jeune France le retour de l'éternel carnaval. C'est le doyen des Fous, et chacun s'apprête à le fêter de son mieux; et fidèles à son culte, s'oubliant eux mêmes, voilà

(') Salomon, *Eccles. Cap.* 1, *v.* 15.

que des milliers de *Gracques* et de *Cornélies* courbent à l'envi leurs fronts sous la cornette de *Mère-Sotte* ou le capuce d'*Angoulevent*. Il est évident que cette coiffure n'a pas cessé d'être le patron de nos costumiers. Le domino n'est au fond qu'un habit de Fou qui a perdu ses oreilles, je ne sais quand, ni pourquoi.

Un coqueluchon plus complet, le capuce modèle, remplace la mitre sur le front de la plupart de nos Évêques des Innocens et des Fous. Il sert aussi à la parure de sujets plus modestes ou plus nobles qui n'aspirèrent point à cette dignité, mais qui s'en trouvèrent investis, bon gré mal gré, comme on vit plus tard les nombreuses recrues du *régiment de la calotte* recevoir des brevets d'illustration dont elles étaient loin de s'enorgueillir. En effet, le capuchon des Fous volontaires ou de profession, et en général des personnages qui figurent dans notre galerie, n'avait rien d'offensant pour ceux qui en étaient affublés : nous ne trouverons guère ici que le côté plaisant de ce singulier attribut; mais on l'a vu sur une scène plus vaste perdre ce caractère inoffensif. Né de la malice et de la gaieté, ainsi que notre vaudeville, cet autre favori de Momus devint hostile, audacieux, cruel même avec le temps. La satire y puisa parfois ses traits les plus acérés, et l'on pourrait citer plus d'une circonstance grave où le fanatisme et la politique se firent d'un bonnet de Fou un instrument de flétrissure et de vengeance.

Au nombre des figures relatives à l'association de la *Mère Folle de Dijon*, publiées dans le recueil de du Tilliot(¹), on remarque deux têtes accolées par leur base, l'une de cardinal, l'autre de fou, sur un plan vertical, avec la légende: *stulti aliquandò sapientes.* Cette empreinte, qu'on dit provenir du sceau de la Mère folle, appartient à une médaille des plus satiriques contre la cour de Rome, et qui ne peut être attribuée qu'au parti protestant. Le revers, que du Tilliot ne donne pas, qu'il n'a peut-être pas connu, représente une au-

(¹) *Mémoires pour servir à l'Histoire de la fête des Fous,* pl. II de l'édit. in-8°.

tre tête double; celle d'un pape portant la thiare,
et du côté opposé, en hauteur, une tête de diable à
cheveux hérissés et à longues oreilles, avec la légende : *Ecclesia perversa tenet faciem diaboli.*
J'ai sous les yeux cette médaille, qui n'est cer-
tainement point un sceau (*voy.* fig. **X**). Comme
le sujet principal n'a rien de commun avec les
farces de la Société dijonnaise, il est permis de
douter de l'authenticité du sceau, ou du moins
de l'empreinte ainsi qualifiée par du Tilliot.

La parodie ou contre-partie de cette même médaille, publiée par les catholiques, présente également deux têtes doubles; d'un côté, Calvin mitré et le diable; légende : JOAN. CALVINUS HERE-
SIARCH. PESSIMUS; au revers, un cardinal et un Fou;
légende : ET STULTI ALIQUANDO SAPITE. PSAL.
XCIII (¹) (*voy.* fig. **XI**).

A ces exemples, qui rentrent dans l'histoire des

(¹) Je possède ces deux médailles, grâce à la généreuse
obligeance de M. Paulin Paris, qui a bien voulu s'en pri-
ver à mon intention. Il n'en fait pas d'autres.

Pl. 4.   Pag. XC.

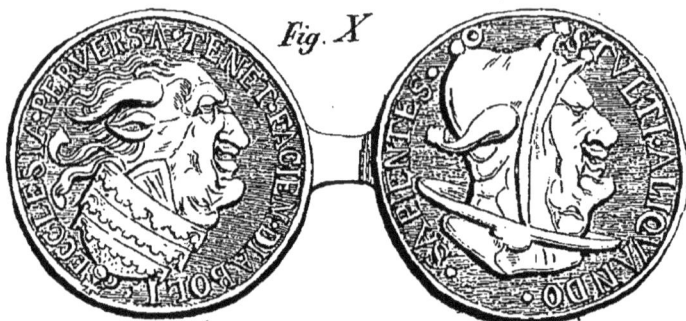

Fig. X

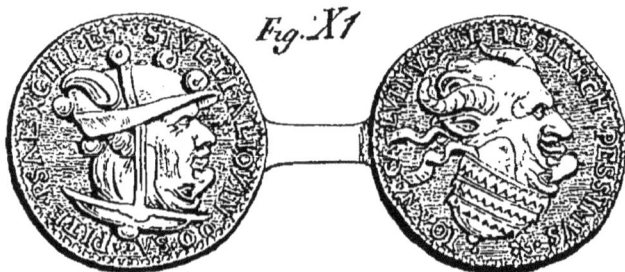

Fig. XI

querelles de religion, j'en ajouterai un second puisé dans la politique du même temps. Le duc d'Albe, lieutenant-général de Philippe II dans les Pays-Bas, s'y était rendu également fameux par son orgueil, ses talens militaires et ses cruautés. Un coqueluchon suffit à la vengeance de ceux dont il avait menacé la fortune ou la vie. Ce castillan si plein de lui-même, le superbe Ferdinand Alvarez de Tolède, se vit représenté dans plusieurs dessins en forme de soucoupe, sous les emblèmes de la Folie, au milieu d'un cercle de figures grotesques, et comme présidant à des extravagances que Rabelais semble avoir animées de son esprit. Au centre de l'une de ces compositions satiriques, gravées par Théodore de Brie, on reconnaît le portrait du duc, ayant pour cuirasse une tête de Fou, avec la légende : *Le capitaine des Folies*. Le médaillon d'une autre soucoupe de même origine est formé d'une tête double, dont la partie supérieure est couverte d'une sorte de pot figurant un bonnet de Fou, garni de grelots; du côté opposé, on voit une face bouffie en charge, d'où sortent des oreilles d'âne ; et la légende *Orgueil et Folie* achève le portrait.

Ce caractère satirique ne se découvre que dans un très petit nombre des médailles que nous donnons ici. Tel est le sceau de Pinon (fig. XII) représentant un singe crossé, mitré, et dont la chape laisse à découvert un corps velu et tigré. Les autres rentrent dans la classe des parodies, ou des imitations bouffonnes des choses sérieuses, qui n'ont pour but qu'un pur divertissement. Aussi le mode de composition de ces figures se ressent-il un peu de la bizarrerie de leur origine et de leur destination. La plupart des sujets y sont présentés sous des formes énigmatiques, et ces énigmes sont tout simplement des *rébus*. En seraient-elles moins dignes d'occuper un instant l'attention d'un homme de goût? On n'attend pas de moi, sans doute, une pareille conclusion. J'avouerai, à ma honte si l'on veut, que, satisfait de la tâche dont je m'occupe en ce moment, je n'abandonnerais pas sans regrets mes innocens rébus au mépris qui semble les réclamer de toutes

parts; que j'oserais même les préférer à des sujets plus piquans ou plus graves d'une autre
école, et qu'enfin je ne rougirai pas de m'y inté-
resser. Les choses les plus futiles en apparence
peuvent se recommander par leurs excès; et je
crois qu'en fait de sottises, les plus grosses sont
les meilleures. Quelque prévenu qu'on puisse
être contre les rébus, il serait difficile de les pla-
cer au dessous des plus grosses sottises. Or il y
a tels rébus dont la conception est si plate, si
extravagante, ou si sérieusement bouffonne, qu'il
est impossible de les deviner sans éclater de rire,
tant le sujet en est ridicule et l'exécution pitoya-
ble : d'autres présentent une image tellement
compliquée ou si bizarrement chargée de figures
informes, que les facultés intellectuelles y trouvent de quoi s'exercer long-temps avant d'en pé-
nétrer le mystère; alors l'esprit qu'il n'a pas fallu
pour les faire, devient souvent indispensable pour
les deviner. Les rébus, même les plus mauvais,
peuvent donc être bons à quelque chose; car c'est
quelque chose, pour le commun des hommes, de

trouver une occasion de rire ou de s'exercer l'esprit.

D'un autre côté, il semble que les règles du goût ne devraient, pas plus que les lois civiles, avoir d'effets rétroactifs, dans les jugemens que nous portons sur les faits antérieurs. Pour apprécier exactement les choses d'un autre temps, il faut les voir dans leur siècle, en étudier les rapports avec l'état de la société où ils ont pris racine, et surtout se garder de les condamner d'après les conventions nouvelles d'un monde qui leur est devenu étranger. Loin de moi l'intention de réhabiliter un goût barbare dans l'opinion d'une génération éclairée; il n'y a pas ici de question de goût. Nos plombs sont des monumens d'une époque déjà ancienne. Ils me paraissent offrir la matière d'une page amusante, et peut-être originale de notre histoire. C'est cette page qui me reste à écrire. Pour cela, je ne fais que me replier sur le siècle des rébus; j'examine ce qui s'y passe, et j'oublie, sans scrupule, ce qu'on en pense dans le nôtre.

Je conviendrai d'abord que M. R., cet honorable et trop consciencieux collaborateur, dont j'ai presque accusé la partialité dans son interprétation de la légende *Moneta*, montre maintenant une sévérité qui m'effraie pour les énigmes qu'il s'est proposé d'expliquer. Appréciant les rébus à leur valeur actuelle, sans tenir compte de la différence des temps et des circonstances, il rappelle le mépris que Rabelais en faisait (¹), et il laisse les siens, ses enfans d'adoption, sous le coup de cet hypocrite anathème. Comme lui, j'ai pitié des faiseurs de rébus; mais je ne m'en indigne pas plus que je ne m'indigne des satires ordurières du curé de Meudon. De bonne foi, appartenait-il bien à l'auteur des *Songes drolatiques* de fulminer contre les rébus une pareille sentence? Cette sainte fureur de maître Rabelais, à propos de compositions bizarres et de mauvais goût, ne serait-elle pas une facétie déguisée, comme tant d'autres dont ses livres sont remplis?

_____

(¹) *Voyez* page 57 des monnaies des Innocens.

Le premier poëte de son temps, moins difficile
et d'une autorité tout aussi imposante que la
sienne, Clément Marot, son *estrille* à la main (¹),
aurait pu l'envoyer dans l'*Ile des Lanternes* faire
le dégoûté. Que Chinon s'honore d'avoir vu naître Rabelais, à la bonne heure. S'il faut en croire
le chantre des amours d'Agnès, les Tourangeaux
sont d'excellens conseillers en certaine occur-
rence; mais il est évident qu'ils n'entendent rien
à la poétique des rébus. Ce sont les Picards, juges
compétens en cette matière, qu'il faut consulter.

Les auteurs sont tous d'accord sur ce point,

(¹) On se rappellera ces vers de Marot :

« Vous dites vrai de cela, sire ,
   Une *estrille*, une *faux*, un *veau*,
   C'est à dire *estrille Fauveau*,
   En bon rébus de Picardie. »·
      (*Coq à l'asne à Lyon Jamet.*)

Cependant, je ferai observer qu'on s'est trompé, et le
père Ménestrier comme d'autres, en attribuant ce rébus
à Clément Marot. Il ne lui appartient point. C'était la devise de *Durand Gerlier,* libraire-imprimeur de Paris, dont
le nom figure à ce titre dans des livres datés de 1489, et
années suivantes. Clément Marot n'est né qu'en 1495.

que la composition des rébus eut jadis un attrait
tout particulier pour les beaux esprits de la Picardie ; que cette province peut même, jusqu'à un
certain point, revendiquer l'honneur de leur invention, et que sa fécondité dans cette branche
de littérature tenait du prodige. C'était moins
le produit de l'esprit naturel des Picards, qui en
valent bien d'autres, qu'une sorte de propriété
singulière du sol ou du climat. Les rébus surgis-
saient en Picardie comme les pommes chez un
peuple voisin. Nos médailles, trouvées en grande
partie dans les environs d'Amiens, en sont une
preuve convaincante. Aussi, pour me servir de
l'expression d'un vieil éplucheur de rébus ('), « n'a-
t-on pas failli à les baptiser du nom de cette na-

(¹) *Bigarrures et Touches du seigneur des Accords*, t. II,
p. 8 de l'édition de Paris, 1662. Il serait difficile de parler *rébus* sans invoquer Tabourot, qui a comme épuisé
cette matière. Mon intention n'est pourtant pas d'abuser
du droit de le consulter. Les réflexions qu'on trouve ici
m'appartiennent ; et, quant aux faits, on chercherait inu-
tilement les plus remarquables dans le livre fort curieux,
mais connu, du seigneur des Accords.

tion. On les appelle *rébus de Picardie*, ainsi que l'on dit bayonnette de Bayonne, ganivet de Moulins, peignes de Limoux, ciseaux de Tholose, moustarde de Dijon. » Ce nom, suivant l'opinion commune, viendrait de l'usage où étaient anciennement les clercs de la Basoche, de composer et de lire au peuple pendant les jours gras, des écrits satiriques et bouffons contenant une sorte de revue ou de résumé de ce qui se passait dans les villes de Picardie où ils résidaient. Ces facéties étaient, à ce qu'il paraît, intitulées en latin *de rebus quæ geruntur*, titre équivalant à *nouvelles du jour*, et le nom de *rébus* leur en serait demeuré (¹). Je ne contesterai pas l'exactitude de cette origine ; mais, si elle est vraie, il faudra en induire que les premiers rébus de Picardie participaient du caractère satirique des pièces de carnaval qu'on nommait ainsi, ou bien, ce qui rentrerait dans la même supposition, que les pam-

_____

(¹) Tabourot, Furetière, Ménage, Ménestrier rappellent cette origine, sans contradiction.

phlets de la Basoche étaient des compositions du genre de celles qui ont exclusivement retenu le nom de rébus.

D'un autre côté, la Basoche picarde n'aurait-elle pas usurpé le mérite de l'invention? Je serais fort porté à croire qu'elle n'a fait que développer et perfectionner un art des plus anciens. L'idée-mère des rébus doit venir de plus loin : elle appartient vraisemblablement à l'enfance de la société. Le premier alphabet né des besoins de la civilisation n'était guère qu'une chaîne de rébus, c'est à dire une image matérielle, non de la pensée, mais des objets mêmes dont la pensée n'est que la réflexion. Tel fut, évidemment, dans son origine, l'art de peindre la parole chez les deux peuples les plus anciens du monde connu. Les caractères si nombreux, si compliqués de l'écriture chinoise, ne pouvaient être primitivement que des rébus : tout annonce aussi que les hiéroglyphes vulgaires de l'Égypte antérieure aux temps historiques participaient plus ou moins de cette nature d'images. Rien ne ressemble plus à cer-

taines tombes picardes, que certaines inscriptions égyptiennes, qui pourraient néanmoins
avoir une tout autre portée; mais ici l'apparence
justifie la présomption, sauf la preuve contraire,
et le difficile serait d'en trouver une qui fût sans
réplique. Pour comprendre ces antiques débris
de Memphis et de Thèbes, pour y lire les leçons
que renferment sans doute les figures d'animaux,
de plantes, et de divinités bizarres dont ils sont
couverts, il faudrait en connaître les originaux,
et ne pas ignorer la langue usuelle du peuple qui
laissa de pareilles archives. Que de rébus, prétendus hiéroglyphes, ne figurent dans nos musées,
décorés de ce docte titre, que parce que l'esprit et
les types en sont perdus pour nous, et qu'il ne nous
reste dans leurs images que des énigmes indéchiffrables, où l'on voit tout ce que l'on veut depuis
qu'on ne sait plus y reconnaître ce qui s'y trouve. Le
séjour des croisés en Orient, l'introduction dans nos
mœurs des exercices chevaleresques, l'invention
des marques distinctives des familles privilégiées,
les figures et les livrées adoptées comme signes de

reconnaissance ou de galanterie dans les tournois, ont dû contribuer beaucoup à répandre le goût des rébus, qui, sympathisant d'ailleurs avec l'esprit de ce temps, devenaient une sorte de besoin de la société où ils renaissaient. Alors, c'était principalement aux sens qu'il fallait s'adresser pour frapper l'esprit, ou imprimer dans la mémoire ce qu'il lui était utile de retenir. Les rébus, faits pour les sens, ont pu devenir les livres d'hommes qui ne savaient pas lire. C'est une image qui ne parle qu'aux yeux ; elle est à la vue ce que les énigmes communes sont à la faculté intelligente : ce genre d'énigmes était plus à la portée du peuple que les compositions emblématiques, dont l'explication est une étude, et suppose une certaine connaissance des choses auxquelles elles font allusion. Le goût des rébus devait donc précéder celui des emblêmes et des devises modernes, comme il était naturel que le dernier naquît de l'autre ; et c'est ce qui arriva. Les emblêmes et les devises, en vogue dans le seizième siècle, suivirent les rébus, mais sans les remplacer. La preuve s'en trouve encore dans nos médailles, qui sont toutes d'une époque à laquelle les librairies de la France et des Pays-Bas étaient inondées de recueils de devises et de figures emblématiques.

Considérés en eux-mêmes, et d'après les diverses applications qui en ont été faites, les rébus conservent encore quelques droits à notre intérêt comme sujet d'observations historiques.

On a déjà vu que ces compositions n'ont pas toujours été le partage exclusif des désœuvrés et des *cervelles à double rebras* (1). Elles firent les délices des beaux esprits d'un autre âge; les Français, surtout, *s'y sont infiniment plu et délectés*, et des provinces entières y ont trouvé le fondement d'une renommée séculaire, qui vit encore dans leur histoire. Plus d'une bonne ville revendiquerait, pour son propre compte, ce que le seigneur des Accords nous apprend sur ce sujet. Il nous assure que « ces subtilités furent long-temps en vogue et

---

(1) Synonyme de *sot*, dans l'ancien langage.

de non moindre réputation que les hiéroglyphes des Égyptiens envers nous ; de sorte qu'il n'estoit pas fils de bonne mère qui ne s'en mesloit. » C'était, comme on voit, une fureur. Personne ne peut nier, en effet, que les rébus n'aient eu, dans l'Europe moderne, une célébrité réelle qu'un Français, moins que tout autre, serait admis à contester. Pour mettre cette vérité dans tout son jour, il suffirait de rappeler qu'une nation de trente millions d'hommes, modèle d'urbanité, de délicatesse et de goût, est représentée par un rébus : un Coq est l'emblème de la France, ancienne patrie des *Galli*, des coqs (¹). Mais ce serait prendre

---

(¹) Le pays des *Galli*, en latin ; en notre langue, des Gaulois, des Français, des coqs ; en celtique, des *Galles, Galloud* ou *Galloudec*, mots qu'on a traduits par *puissant, valeureux, intrépide*, ressemblant au coq. Ainsi la figure du coq, représentant la nation gauloise, était un véritable rébus relativement à la dénomination latine *gallus*, qui signifie également coq et Gaulois ; mais cette figure n'était qu'un emblème par rapport à la langue des Gaulois, dont le nom celtique ne faisait que rappeler les principales qualités du coq, sans être commun au coq et au Gaulois. Il est vraisemblable, d'ailleurs, que c'est l'analogie du

les choses de trop loin ou de trop près, et le sujet est assez vaste pour ne pas me réduire à ces extrémités.

Gardons-nous de l'erreur de ceux qui ne voient dans les rébus que le produit d'un goût futile ou d'un caprice du moment. L'amoureux paladin empruntant leur langage dans les circonstances les plus solennelles, la beauté fière de

caractère et du nom des Gaulois avec le *gallus* latin, qui les a fait désigner par les Romains sous la dénomination de *Galli*. On ne comprend pas aussi facilement pourquoi les bourgeois de la ville de *Dormans* avaient pour devise un *coq*. On disait les *coqs de Dormans,* et ce dicton était peint sur la bannière des chevaliers de l'arquebuse, avec les vers suivans :

« Servons Bacchus, servons l'Amour,
Servons aussi Mars tour à tour,
Dans ce beau jour de fête,
Aussi vigilant que le coq,
A qui bientôt la poule est hoc,
En faisant sa,
En faisant sa,
En faisant sa conquête. »

C'est apparemment par antiphrase que le symbole de la *vigilance* et du *réveil* est devenu l'emblème de *Dormans.*

l'hommage qu'elle en recevait à la face de, plus d'une rivale, avaient, n'en doutons point, une tout autre idée de ce moyen de communication précieux pour des amans qui n'osaient parler, et ne pouvaient écrire. Les rébus brillèrent alors de l'éclat des tournois et des cours plénières où ils étaient reçus. Plus tard, changeant de théâtre, et passant des lices chevaleresques dans les champs de sépulture, ils devinrent l'objet d'une vénération singulière, d'un culte tout nouveau. Nos pères trouvèrent plaisant de travestir les épitaphes en rébus (¹): il appartenait à la naïveté de ces temps de provoquer le rire jusque sur la tombe des morts. Si ces monumens ont péri, la gravure nous en a conservé d'autres qui peuvent nous consoler de leur perte. Sans avoir rien de commun avec l'œuvre du génie, les rébus ont participé à des honneurs qui ne sont dus qu'à lui. Les artistes les plus fameux n'ont pas dédaigné

(¹) Les anciens cimetières de la Picardie offraient de nombreux exemples de ces bizarres monumens.

de leur prêter le charme de leur talent. A leur exemple, celui dont le pinceau fit revivre sur la toile tant d'animaux divers, Oudry, en dessinant des rébus, ne croyait pas avilir un art qu'il avait employé à décorer les palais de nos rois (¹). Des rébus accueillis dans les cercles de Florence et de Paris avaient été en quelque sorte immortalisés par la pointe des Bosse et des la Belle (²). Le superbe blason n'a pas rougi, non plus, d'associer les rébus à ses mystérieux emblèmes, dont la plupart sont des titres d'illustration, de véritables monumens. Les armoiries parlantes ne sont au fond que des rébus; mais une platitude couverte d'un grand nom, ne peut plus être un objet de mépris. Guillaume, prince d'Orange, était camus. Comme on l'appelait Guillaume au *cort* (court) *nez*, il prit

(¹) Ce fut lui qui peignit, entre autres sujets, les chasses du château de la Muette. Ses fables sont assez connues : je reviendrai sur ses rébus.

(²) Outre plusieurs feuilles de rébus italiens, gravés par la Belle, en forme d'écran, les amateurs de ce genre en conservent beaucoup d'autres, publiés sous Louis XIV et Louis XV, par les Bonnard, les Mariette, les Crépy, etc.

pour armoiries un *cornet*, et la princesse d'Orange trouva qu'il avait raison. Plus près de nous, dans un siècle doté de tous les trésors du génie et du goût, un ministre illustre, Colbert, de récente noblesse, adopta pour blason *un reptile*, dont le nom (*coluber*), ressemblait au sien ('). L'*écureuil* plus noble, plus piquant de Fouquet, fut moins heureux que la *guivre* (²) de son ennemi : un rébus perdit Fouquet. Et comment la raison des cours se serait-elle montrée supérieure à la sagesse même de l'Église ? Les rébus lui avaient paru un précieux moyen d'enseignement. Dans sa simplicité apostolique, la religion les appela à son aide; elle sanctifia les rébus. Enfin, quelques années se sont à peine écoulées depuis que ces énigmes pittoresques ont perdu leur ancienne faveur. Il est vrai que le monopole de la rue des Lombards date d'un peu plus loin, et que les ré-

---

(¹) A la mort de Colbert, il parut, entre autres satires, une brochure intitulée *le Serpent écrasé*.

(²) *Guivre*, ou *bisse*, en terme de blason, signifie *couleuvre* ou *serpent*.

bus n'ont plus guère d'asile que chez les confi-
seurs; mais malgré l'humilité de cette condition,
ils s'y montrent encore associés aux traits les plus
piquans de l'esprit des Chaulieu, des Bernard et
des Parny; on a vu le chef-d'œuvre de notre Saint-
Aulaire se fondre tout entier dans un rébus (¹); et
l'on ne peut que s'honorer en si bonne compagnie.

Le lecteur me dispensera d'arrêter son attention sur ces derniers débris d'une antique
splendeur, d'une gloire que flétrit chaque jour
un insolent dédain, et qui pourtant devrait trouver grâce parmi tant d'admirateurs des vieil-
leries gothiques. Il me reste à lui offrir quelques exemples de ces variétés de *fleurs*, non
de *bien dire*, mais de parler aux yeux, que
je n'ai fait qu'indiquer dans ma briève esquisse.
Ce n'est pas aux archives de la confiture que je
compte les emprunter.

(¹) Le quatrain si connu,

« La divinité qui s'amuse, etc., »

qu'il improvisa en jouant au secret avec la duchesse du
Maine.

Les tournois et le blason se présentent d'abord
dans l'ordre de l'ancienneté.

Nos preux étaient, en général, d'assez pauvres
clercs : ils ne connaissaient guère que l'art d'at-
taquer un ennemi d'estoc et de taille, de désar-
çonner un rival dans la lice, et l'art moins dan-
gereux, plus doux, de vaincre les rigueurs d'une
belle. Cependant, ils faisaient des rébus qui devenaient quelquefois la circonstance la plus remarquable d'un tournoi ou d'une cour d'amour.
Il n'est pas sûr que l'impression qu'ils y laissaient
fût plutôt un sentiment d'admiration, qu'un mouvement d'hilarité universelle. On en jugera par les
exemples suivans : un chevalier dont le palefroi
s'était abattu dans un pas d'armes parut le len-
demain avec une andouille et une plante de jou-
barbe peintes sur son écu, ce qui voulait dire, en
italien, *sempre vivo in doglio* (¹), je vis toujours

(¹) *Sempre vivo*, de *Sempervivum*, nom latin de la Jou-
barbe ; *in doglio* est ici pour *andouille*, mot qui n'a pas
son équivalent en italien.

dans la douleur. Un autre chevalier, dans un cas semblable, pour exprimer l'amertume du chagrin que lui causait sa chute, se montra revêtu d'un habit burlesque, et portant sur sa tête, au lieu de sa devise habituelle, un *fromage dur*, *caso duro*, mots qui signifiaient également, sort cruel, fatal accident, et fromage dur, dans le sens italien ('). La poésie a sans doute produit de plus belles images; mais les chevaliers du moyen âge n'y regardaient pas de si près dans leurs travaux littéraires.

En matière héraldique, les maîtres de l'art n'admettent pas que les armoiries parlantes soient de véritables rébus. On conçoit bien que ces sortes de jeux et de pointes n'ont pas toujours le caractère de dignité qui convient au blason, et que tout en les tolérant de fait, la science les désavoue pour arrêter l'usurpation de son domaine par

----

(') *Caso*, en italien, signifie cas, sort, fortune, et fromage, si on le prend, comme ici, pour *cacio*. (*Voyez* la *Philosophie des images*, par le père Menestrier, p. 180 et suiv.)

de pareils sujets. Les rébus ne sont donc qu'une branche bâtarde du blason ; mais ces bâtards n'en participent pas moins aux honneurs et aux priviléges des enfans légitimes dans la nombreuse famille des armoiries.

Le rébus est la figure naturelle, l'image propre, simple et directe de l'objet qu'il représente ; il montre au doigt, pour ainsi dire, la chose telle qu'elle est, sans rappeler l'idée d'aucune autre. C'est en quoi il se distingue essentiellement de l'emblême et de la devise, qui ne sont que l'expression indirecte d'une pensée plus ou moins déguisée sous une image analogue, et dont l'essence est dans l'allusion. Il y a encore cette différence entre ces deux sortes d'images, que l'emblême est toujours un tableau de la pensée rendue sensible sous une forme d'emprunt, tandis que le rébus ne peint le plus souvent que le mot, et ne rend la pensée que par des équivoques (¹).

(¹) Dans ce cas, le rébus n'est véritablement qu'un jeu

Si pour exprimer l'idée de *pierre vive*, je peins
trois paux de gueule, en chargeant chaque pal d'un
diamant d'argent(¹), ou de toute autre couleur; sans
faire un grand effort de génie, je compose un blason
de bon aloi, parce que mes diamans ne sont pas
l'image exclusive de *pierre vive*, parce qu'on ne
lira pas nécessairement *pierre vive* en les voyant.
J'aimerais mieux, toutefois, le nom de *Le Gendre*,

---

de mots. Par exemple, si l'on travestit comme il suit ce
vers de La Fontaine :

Un jour   un coq   dé   tour na une   perle
I jour, *figure d'un coq*, un dé, une tour, na, I, *figure d'une perle*,

on distinguera deux sortes d'images ; les unes représentant
la pensée ou la chose, celle de *un coq, une perle;* les autres ne peignant que *dé, tour,* et ne rendant l'idée de *dé-
tourna* que par l'équivoque ou le double sens des images
de dé et de tour.

Ce qu'il y a de fâcheux pour l'honneur du rébus, c'est
qu'il n'est amusant que par son imperfection, et qu'en ne
peignant que le mot, il fait équivoque ; car, lorsqu'il présente une image exacte de la pensée ou de la chose, on le
lit couramment ; il cesse d'exercer l'esprit : il ne signifie
plus rien.

(¹) Armoiries de la maison italienne de *Pietra Viva*.

rendu par trois têtes de filles, faisant allusion au proverbe : *qui a des filles aura des gendres* (¹). Mais, si au nom de *Chabot* je substitue la figure du poisson appelé *chabot*, et rien de plus, je ne fais qu'un plat rébus (²), moins dégoûtant; il est vrai, que les *sangsues* de la maison de *Sayve,* en Bourgogne , où *sayve* signifie sangsue, mais non moins rébus.

Eh! comment qualifier les souris ou les rats de l'antique cité d'Arras? On n'a jamais porté plus loin la grossièreté des rébus; on ne s'est jamais montré moins difficile sur le rapport du signe avec la chose signifiée; car, il faut en convenir, l'exécution de l'image était le plus souvent si imparfaite, que le rébus n'avait pas même, comme portrait, le mérite de la ressemblance : c'est alors qu'en vérité, ces débauches de goût ne ressem-

---

(¹) Le Gendre.—D'azur à la fasce d'argent, accompagnée de trois têtes de filles échevelées d'or ; par allusion au proverbe , etc.

(²) La maison de Chabot porte d'or à trois chabots montans de gueule. Le chabot est un poisson dont la tête est plus grosse que le corps.

h

blaient à rien. Telles étaient ces grotesques armoiries de la ville d'Arras, qui firent tant de
bruit dans le monde, et qui n'ont pas encore cessé
d'être un sujet de controverse parmi les érudits
et les critiques. Je me félicite de pouvoir leur offrir quelques pièces inédites, ou fort peu connues,
de ce grand procès.

Arras portait d'azur à la fasce d'argent chargée de *trois rats* de sable, accompagnée en chef
d'une mitre d'or, et en pointe de deux crosses de
même, passées en sautoir.

L'ombre de conformité matérielle qu'on avait
cru apercevoir entre le nom de rat et celui d'Arras (') avait suffi pour justifier le rébus dans l'esprit de l'inventeur. Suivant un ancien dicton des
Artésiens faisant allusion à ces armoiries, et que
les Impériaux ainsi que les Espagnols aimaient à
répéter (²), les Français devaient prendre Arras,

(') En latin, *Atrebates, Atrebatium, Arabatum, Atraba-
tum, Atrabates.*
(²) Arras fut pris en 1477 par Louis XI, en 1493 par

quand les rats mangeraient les chats : on prétend
même que ce dicton avait été inscrit sur l'une des
portes de la ville, après la conquête que l'empereur Maximilien en fit dans l'année 1493 ; mais
Harduin, dans ses mémoires sur l'Artois, nie le
fait, dont il n'aurait trouvé nulle part aucune trace
historique. Cependant la même tradition a été
adoptée par de bons écrivains modernes, notamment par l'abbé d'Expilly, dans son article Arras,
où je lis que l'inscription fut mise sur l'une des
portes de la ville, lorsque les Français en firent le
siége en 1640 ('). Et, en effet, soit que cette inscription n'ait été alors que renouvelée, ou que
l'ancien dicton en ait, pour la première fois, sug-
géré l'idée, on la trouve dans une estampe du siége
et de la prise d'Arras, qui parut à l'époque de

l'empereur Maximilien, qui avait des intelligences dans la
place, et repris en 1640 par les Français, auxquels cette
ville est restée, en vertu du traité des Pyrénées.

(') *Dictionnaire géographique des Gaules et de la France.*
— *Voyez* aussi, sur le dicton des Artésiens, les *Mémoires*
de Puységur, p. 181 de l'édition d'Amsterdam, 1690.

l'événement (¹). Je joins au n° XIII la figure de ce monument singulier, dont l'original est fort rare et non moins recherché des curieux. Harduin, qui garde le silence sur cette gravure, parle d'une autre estampe également rare, publiée après le même siége, et intitulée : *La défaite et prise générale des chats d'Espagne par les rats français devant la cité d'Arras.* J'ajouterai que dans une troisième estampe, de date postérieure, et qu'apparemment Harduin ne connaissait point, les Espagnols prirent leur revanche en représentant un château fort assiégé par des rats et défendu par des chats, sous le commandement de *Rominagrobis* (*sic*), dont la valeur fit lever le siége (²).

_____

(¹) *Plan du siége d'Arras, pris par les armes du roy de France, le 10 d'août* 1640, feuille in-f°.

(²) Voici le titre exact de cette pièce: « Le fort des chats assiégé par mer et par terre, par les rats et les souris, où il est mort du temps jadis plus de dix-huit cent mil rats et souris, dont les chats ont remporté une grande victoire sur eux, leur ayant fait lever le siége, et les aiant contraints de ne plus paroître. » in-f°.

Les chats doivent s'entendre ici des Espagnols, et la

Pl. 5.   *Pag. CXVI*

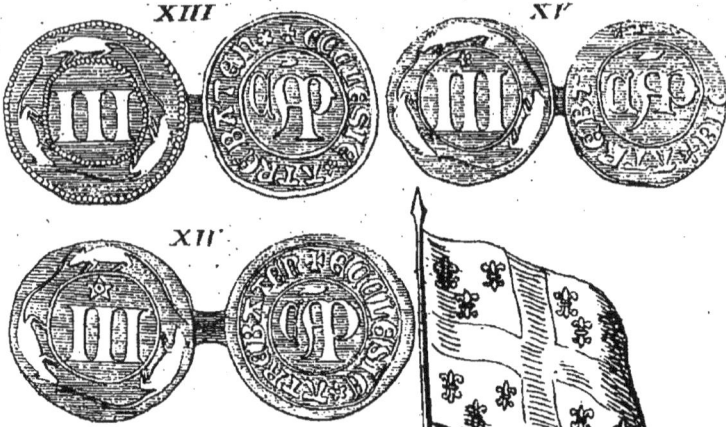

Quand les rats predrontles chats
les Francois prendront Arras

L'existence de ces pièces étant hors de doute,
puisque je les ai dans mon cabinet, elle peut con-
courir à prouver celle de l'inscription, avec les
médailles qui accompagnent la figure de la porte
gravée en 1640.

Ces médailles, au nombre de trois (fig. XIII,
XIV, XV), présentent, à peu près, les mêmes empreintes.

En champ, le chiffre III, et, au lieu de légende, trois *rats* courans, formant un cercle.

Revers — C.AP liés (sans doute le chiffre du
chapitre ou de la confrérie à laquelle cette sorte
de méreaux appartenait), et pour légende :
ECCLESIÆ ATREBATEN.

---

remarque n'est pas sans utilité, car nous avions aussi des
chats français : on disait les *chats de Meaux ;* à quoi les
bourgeois de cette ville répondaient par ces vers, inscrits
sur leur bannière :

« Ne craignez point l'égratignure,
  Notre devise vous rassure,
  Nous ferons patte de velours,
  Enchantés de vous satisfaire ;
  Et nous vous prouverons toujours
  Qu'il n'est que *chats de Meaux* pour plaire. »
      (*Relation des fêtes des chevaliers de l'Arquebuse.*)

Au reste, quelque ignoble que nous paraisse ce trio de rats artésiens, l'idée n'en est pourtant pas plus ridicule que la composition des armoiries de même nature, dont il plaisait au fameux comte de Permission, chevalier des ligues des treize cantons suisses, de gratifier les provinces et les villes de France qu'il honorait de son attention particulière.

C'était pour le Poitou, un baril de poix qui brûle, parce que, suivant notre comte, Poitou signifie brûlement, et que la poix ne sert que pour brûler.

Bourgogne : Un honteux qui se bouche la face, parce qu'il ne se peut dire Bourgogne, qu'on ne dise vergogne!

Gascogne : une presse, parce qu'une chose qu'on cogne est une chose pressée.

Périgord : un homme qui tombe dans un puits, parce qu'une chose qui périt est en danger.

Nantes : une ante, parce que Nantes doit signifier greffe, et qu'on ante les greffes.

Rouen : une potence et une roue avec une

échelle, parce que cette ville doit s'appeler justi-
ciable, et qu'il ne se peut parler de rouer que la
justice n'y passe!!!

La capitale du royaume est plus favorablement
placée dans l'esprit de M. le comte que celle de la
Normandie. « PARIS veut dire tentation, parce
que notre premier père Adam a esté tenté au paradis terrestre. C'est une damoiselle avec force
escus : qui veut estre bien tenté, il faut venir à
Paris ('). » Et ces lumineuses observations sont
accompagnées d'une petite figure en bois, où l'on
croit reconnaître la demoiselle aux écus, substituée à l'antique vaisseau de Lutèce dans l'armo-
rial du visionnaire.

Cette passion, j'allais dire cette manie des ré-

***

(') Livre 91 du *Recueil des OEuvres de Bernard de
Bluet Darbères, comte de Permission, chevalier des ligues
des treize quantons de Suisse,* Paris, de 1600 à 1605, environ, in-12. — Les imaginations du comte sont toutes de
la force de celles que je viens de rappeler, ou à peu près.
Quel dommage que son livre soit si rare, et surtout si
cher !

bus, a duré plus long-temps et avec bien plus d'empire qu'on ne le croit communément. Le quartier Saint-Jacques en était encore pavoisé dans le
dernier siècle ; les Mignot de l'imagerie et de la
décoration en mettaient partout.

S'agissait-il pour un honnête marchand de do-
rures et d'argenterie d'églises, nommé Collier,
de faire faire son enseigne, l'artiste, au lieu de
tracer tout bonnement le nom et la qualité de son
client, lui peignait un superbe coq dont l'une des
pattes relevée était liée à une colonne par un fil
de perles, et tout cela voulait dire *au collier de
perles*. Des milliers d'épreuves de ce rébus,
gravé in-4° en forme d'adresse, en ont transmis
la mémoire à la postérité (¹). Ce n'était pas assez
pour un autre marchand du même temps de pu-
blier un Almanach des rébus de format gigantes-
que, il fallait que le rébus envahît jusqu'au fron-

(¹) Je conserve une de ces épreuves dans mes collections.
Ce bon monsieur Collier demeurait rue de la Verrerie, en
face de Saint-Merry. C'était en 1735 qu'il avait tant d'esprit.

tispice de ce plaisant in-folio. Le titre, les noms
du peintre et de l'éditeur, l'adresse même du
marchand, ont dû s'aligner et se faire comprendre
comme ils ont pu dans un vaste rébus. Heureuse-
ment pour le public, et plus encore pour le marchand qui attendait pratique, la traduction se
trouvait au bas de l'image, qui porte cependant le
nom d'*Oudry* (¹).

On pourrait croire que de se nommer dans un
rébus était alors un acte de modestie, une manière de garder l'anonyme, comme si, au lieu d'un
ours, le peintre *Oudry* avait dessiné trois étoi-
les; mais non, cet abus d'un genre trop facile n'é-
tait qu'une imitation de ses premiers chefs-d'œuvre. Indépendamment des épitaphes picardes, où
les noms des défunts devaient être singulièrement
travestis, on trouve plus d'un nom propre défi-

_____

(¹) J'ai plusieurs feuilles, et notamment le titre de cet
almanach, dont voici la traduction : « *Dessiné par Oudry,
monsieur Mortain vend le présent almanach des rébus sur
le pont Notre-Dame, à main droite, du côté de la pompe,
au service de tout le monde.* »

guré en rébus dans les livres du quinzième et du seizième siècle. Je citerai, avant tout, le *recueil des
chansons françoises* imprimé à Venise, avec les airs
notés, en 1536, parce que ce livre n'est pas connu,
et que mon exemplaire passe pour être unique à
Paris ([']); il est intitulé : *La courone et fleur des
chansons à troys*. Ce titre, seule ligne occupant
le haut de la page, est suivi d'une grande image
représentant 3 couronnes gravées sur bois, et on
lit au bas : *Stampato in Venetia in realto novo,
per Anthoine de* (une note de musique, qui est un
la) *bate, con gratia e privilegio*. Celui-ci est du
moins assez clair. On devine, tout d'abord,
que l'énigme, ainsi que l'édition, est de la façon del signor de l'*Abbate*. Peut-être *Monsieur
l'Abbé* ne voulait-il pas risquer son nom en toutes
lettres à la tête de pareilles chansons.

([']) Petit in-4° oblong, gothique, décrit par M. Brunet
dans son dernier ouvrage. Outre la musique, ce qui distingue ce recueil de quelques autres du même genre, c'est
que tous les auteurs y sont nommés, malgré le caractère
de gaillardise qui aurait pu les porter à ne pas avouer leurs
productions.

Les exemples de cette sorte de chiffres sont nombreux, disons même imposans.

Des rébus, devenus les marques distinctives d'hommes qui avaient acquis plus ou moins de célébrité dans les arts, s'identifièrent, pour ainsi dire, avec l'œuvre du génie. Étrange contradiction! rapprochement bizarre! C'est à un quolibet, à une bêtise qu'on reconnaît encore plus d'un grand homme du seizième siècle.

Si l'on voulait énumérer tous les noms fameux de cette époque qui se sont blottis et comme ensevelis dans des rébus, il faudrait d'abord interroger la biographie des peintres, des graveurs, des imprimeurs, des libraires surtout; et la liste serait longue, sans compter celle des noms condamnés à périr sous un masque impénétrable. Il suffit de savoir que le mot allemand *zuber* signifie *baquet*, pour comprendre la marque de Jacques *Zuberlin*, peintre et graveur sur bois, qui se compose d'un Z lié avec un J, flanqués d'un petit *baquet*. On devine aussi, au premier coup-d'œil, qu'une grappe de raisin, en tiers avec les lettres

H. W., signifie *Hans Wyner*, peintre de paysage célèbre. Une rose épanouie dans un cœur gravé sur un frontispice de livre vous arrache un sourire accompagné d'un mouvement d'épaule, précisément parce que cette niaiserie vous révèle un Gilles *Corrozet*, libraire, dont le *cœur rosé* vous prévient quelque peu contre son esprit. Vous lisez plus couramment encore le *cavalier* de Pierre *Chevalier*, les longs *chevaux* de Claude *Chevallon*, les *grands joncs* de *Grandjon*, *les deux brocs* de Pierre *le Brodeux*, le chêne vert de Nicolas *Chesneau*, le *corbeau* de Georges *Rabb* (*aliàs*) *Corvin* de Francfort, le *griffon* de *Griffe*, la *galiote* de *Galliot* du Pré, le *mûrier* de *Morel*, la *Samaritaine* de Jacques *du Puy*, *l'arrosoir* de *Rigaud* (¹), la *lance* de Jean *Longis* (²), etc., etc., etc. (³). Mais combien d'autres

(¹) Allusion au latin *rigo*, j'arrose, ou *riguus*, qui arrose.

(²) La lance de *Longis*, nom de celui qui perça le côté de notre seigneur sur la croix.

(³) Il me serait facile de porter cette nomenclature beaucoup plus loin ; mais ces exemples suffiront.

marques de cette espèce sont indéchiffrables ; et pourtant, c'était beau, fort beau, *moult plaisant à veoir* : voilà du moins ce que semblent décider les organes de l'esprit et du goût faisant alliance avec les rébus, prenant leur livrée et leur langage, et marchant avec eux, l'un portant l'autre, à l'immortalité.

Quant à la religion, bien que les rébus n'aient jamais pu être qu'un sujet d'amusement et de plaisanterie, les livres les plus graves, l'œuvre même de l'Eglise n'a pu se dérober à leurs frivoles atteintes, et cela se conçoit. Les anciens livres de prières sont remarquables, beaucoup plus par le nombre et la richesse que par le choix des ornemens dont ils sont surchargés. Les rébus sont des images ; ils pouvaient passer inaperçus dans la foule ; et d'ailleurs quelle raison aurait empêché qu'on ne les admît pour ce qu'ils étaient ? Un rébus ne pouvait sembler plus déplacé dans les Heures d'un courtisan ou d'un guerrier que l'indécente figure astronomique dont le calendrier de ces livres est toujours précédé, et que tant d'autres nudités plus que naïves, qui nous paraissent aujourd'hui si étranges. Qu'importait un hors-d'œuvre de plus ou de moins, dans un encadrement d'*oremus* et de psaumes, où un prélat vénéré se trouvait face à face avec un porc dressé sur ses pieds de derrière, et décoré comme lui des insignes de l'épiscopat; où l'on voyait figurer de compagnie les saintes femmes et les sybylles, les chérubins et les sirènes, Judith et Mélusine, les apôtres ceints d'un cordon de grotesques, ou de monstres risibles, ou quelque chose de pis? Alors que l'homme du monde n'avait pour toute bibliothèque qu'un livre, qui était ses Heures, il fallait bien qu'il y eût dans ce livre un peu de tout, pour que sire tel ou tel sût quelque chose. C'est ainsi, du moins, qu'on croit pouvoir expliquer ce bizarre mélange de pieuses et de mondaines joyeusetés, qui caractérise les anciens livres de prières (¹).

(¹) On est surpris du reproche que N. Cathérinot fait aux anciens libraires d'Italie, d'avoir profané leurs édi-

Quant aux grotesques, où nous ne trouvons plus que de pures et gratuites profanations, ces monstruosités avaient aussi leur côté religieux, partant leur excuse, aux yeux des simples qui s'en délectaient. On avait voué une sorte de culte à l'âne de saint Joseph; pourquoi n'aurait-on pas honoré de même le fidèle porte-soie, *Gazée* (¹) dirait le pieux compagnon de saint Antoine? Cette question n'en était point une pour un pein-

---

tions en substituant aux lettres peintes des manuscrits les amours de Jupiter « et d'autres figures honteuses; au lieu que les imprimeurs des autres pays se sont attachés à n'y représenter que des personnes ou des traits de l'É-criture-Sainte, de l'histoire, de la morale, etc... » (P. 3 de la pièce qui a pour titre : *Art d'imprimer.*)

Ce bon Cathérinot connaissait peu, sans doute, les *Aornements* des bibles imprimées dans les Pays-Bas, de 1550 à 1660 environ. Mieux vaut encore Vénus pudique, que certaines Suzanne à la flamande, et les Thamar de Van Sichem. — Voyez surtout les pages 82, 88, 128, 140, 472, etc., du *Trésor de la Bible, ou le Paradis de l'ame,* représenté en fig. gravées par Cristophe van Sichem. Amst., 1646, in-4°. (En hollandais.)

(¹) L'auteur des *Pieuses récréations, œuvre remplie de sainctes joyeusetés* (dans le goût des images dont il s'agit).

tre à capuchon. Il n'était pas encore venu le temps où un moine devait pourrir dans un cul-de-basse-fosse, pour avoir rajeuni l'image du *cochon mitré* (¹).

On me croira donc sans hésiter, lorsque j'ajouterai que le texte même des offices n'était pas à l'abri de ces grossiers travestissemens. On a mis en rébus le *Pange lingua*.

Le frontispice, gravé en bois, du livret intitulé *Tractatus colloquii peccatoris*, in-8 *goth.*, est une image tirée de cette prose.

Celui d'un exemplaire fort ancien, que j'ai dans mon cabinet, représente deux artisans travaillant de leurs métiers, un savetier d'un côté, un chamoiseur de l'autre; entre eux est un écusson chargé d'un compas de cordonnier en guise de lambel; au dessus, deux mains unies, emblème de la bonne foi; sur le tout, deux notes de musi-

---

(¹) Satire connue, dont l'auteur, arrêté par ordre de Louvois, fut jeté dans une cage *dite* de fer, où il languit trente ans, selon M. Barbier (seize, suivant des recherches qui me sont propres).

que, un *sol* et un *la*, et à côté le mot *ficit* placé au dessous de *fides*, ce qui signifie *sola fides sufficit* (¹).

Le père Menestrier cite ce rébus comme un des plus baroques; mais il y a mieux que cela.

S'imaginerait-on qu'un assemblage de figures grossièrement contournées, et à peu près informes, telles que celles dont se compose la fig. XVI, fût un acte de la plus sérieuse dévotion, une prière complète, et une prière en vers français, bons ou mauvais? Ce curieux rébus a cependant été calqué sur un feuillet d'Heures imprimées vers 1500, et ornées d'un grand nombre de figures bibliques, comme les livres sortis des presses d'Hardouin et de Pigouchet. C'est un monument de l'art dans son espèce. Voici la traduction interlinéaire de ce chef-d'œuvre, dont les beautés originales pourraient n'être pas à la portée de tous les lecteurs.

(¹) Devise de Guyot Marchand, imprimeur-libraire de la fin du quinzième siècle; et non pas Gui Marchand (selon Lottin).

i

PRIERE A LA VIERGE.

Premier vers.

IMAGE. — Un salut (¹) (*monnaie*); un os, NS, Vierge priant
TRAD. — *Salu*   *o ns Marie priant*
IMAGE. — devant un crucifix.
TRAD. — *Jésus en croix* (²).

(¹) Nom d'une monnaie d'or, frappée sous Charles VI, dont un côté représentait la *Salutation angélique* ou l'*Annonciation*. De l'autre côté (celui qu'on voit ici) figurait une croix pleine entre deux lis. (Le Blanc, *Traité des monnaies*, p. 238.)

(²) On remarquera que le mot *croix* rime ici avec *paix* et *soit*, ce qui n'a rien de contraire à l'usage du temps. En général, dans le quinzième et le seizième siècle, tous les mots en *ois*, dont nous avons fait *ais* (*è*), se prononçaient alors *oè*, comme le mot *oie*. Un Français était un François (*çoè*); on disait j'*aimeroè*, je *seroè*, pour j'aimerais, je serais. L'orthographe particulière de la Ramée, qui rend les sons de la langue parlée, ne peut laisser aucun doute à ce sujet (*voyez Grammaire de la Ramée ou Ramus*). Mais il est certain aussi que les poëtes n'étaient pas rigoureusement soumis à cette règle, et qu'ils faisaient rimer avec *ois* et *oie* (*oè*), les mots alors terminés en *ai* et *aye*, quoiqu'on dût les prononcer *aè*. *Maistre*, qu'on prononçait indubitablement *métre* ou *mèstre*, rime avec *connaître*, dont la prononciation était *connoétre*, dans les vers suivans :

Pl.6.   Pag.CXXX

℃ Saluons Marie pri
ant Jesus en croix
En noz cõsciences espe
rons sa paix
Jap a dieu mõ ceur mis
Jespere paradis
Louenge a dieu soit

Second vers.

IMAGE. — N (¹), un os, une sorte de **9** (²), une scie,

TRAD. — *En*   nos   con   sci

« L'un d'eux s'approcha du *maistre*
D'hostel et se fist *recongnoistre.* »
(*Repues franches*, de Fr. Villon.)

Le même poëte fait rimer *foy* avec *confesserai ;* et ailleurs :

« B. — Hée, monsieur de *Malle Paye*,
Qui peult trouver soubz quelque amant
Deux ou trois mille escus, quelle *proye.* »
(*Dialogue de Malle Paye et de Baillevent.*)

(¹) La lettre **N**, que le peuple prononçait *anne*, conserve souvent cette prononciation dans les rébus. Il en est de même de l'M.

N,   s, s, i, t, M, i,   est   q (*sic*), u.
« *En nécessité ami est con*   *nu.* »
(*Tabourot.*)

(²) **9** , ancienne note tironienne, employée dans le moyen âge comme signe d'abréviation. Elle remplace la finale *us* dans la plupart des livres latins du seizième siècle : *nihilomin*9 ; et, plus anciennement, elle tenait quelquefois lieu de la syllabe *con* au commencement des mots; c'est le cas présent. Cependant l'abréviation la plus usitée de cette syllabe, dans les éditions du quinzième siècle, est un C renversé Ɔ : *In ipsa Ɔfessione habui….. Ɔ placēciam et Ɔ sensū.* (*Liber* Mᵍʳⁱ Thome de Aquino, in-4°, *circà* 1470.)

Image. — une anse, des éperons (¹), un sac, une paix d'é-
Trad. — ences   espérons   sa (²)   paix. [glise.

Troisième vers.

Image. — G, A (³), une figure de Dieu, un mont,
Trad. — *J'ai en*   *Dieu*   *mon*
Image. — un cœur, un *mi* de musique.
Trad. —   *cœur*   *mis.*

Quatrième vers.

Image. — G, une poire(⁴), un parc de pêcheur (⁵), A, X (⁶).
Trad. — *J'espoire* (père)   *par*   *a dis.*

(¹) Éperons, qu'on pouvait écrire *esperons,* comme le mot représenté.

(²) Sac se prononçait comme *sa.* Nos paysans suppriment encore le C dans beaucoup d'endroits.

(³) Cet A, pour signifier *en* avec le son de *an,* doit être supposé marqué d'un trait d'abréviation *ā.* On sait que les finales *ant* et *am* s'abrégeaient de cette manière.

(⁴) *Voyez* les précédentes observations, note 2, p. cxxx.

(⁵) Cette figure n'est pas facile à comprendre : elle ne peut représenter qu'un *parc,* mot où le *c* pouvait être omis dans la prononciation, comme l'*f* de *cerf* et de *nerf.* Mais quel parc? Il y a toute apparence que c'est l'espèce de filet que les gens de mer et les pêcheurs nomment ainsi. La même syllabe *par* est rendue par une figure du même genre dans les rébus d'Oudry.

(⁶) X, pour le nombre *dix.*

Cinquième vers.

Image. — Un loup, un ange, A, une figure de Dieu, C.
Trad. —   *Lou   ange à   Dieu soit* (').

Amen.

On me permettra, enfin, d'ajouter à ces détails
un dernier exemple d'un intérêt plus réel, d'un
caractère plus imposant, le seul, peut-être, que
des esprits graves jugeront digne de leur attention. Il m'est fourni par un livre également rare
et fameux, et qui passe, en effet, pour un des
plus anciens monumens de l'enfance de la gravure
sur bois. Cet ouvrage fut d'abord publié sous le
titre de *Ars memorandi notabilis per figuras
quatuor evangelistarum* ('). C'est un composé

(') *Soit*, avec le son de *sét*, comme nous prononçons
encore quelquefois, puisque ce mot est ici représenté par
un C : il en résulte que le mot *croix* du premier vers doit
être prononcé *craix*, pour rimer avec *paix*, qui rime avec
sét (soit).

(') Ce livre est signalé par le baron de Heinecken (*Idée
générale d'une coll. d'estampes*), comme le premier recueil de gravures sur bois qui ait paru avec un texte, et

de quinze gravures représentant l'aigle, l'ange,
le lion et le bœuf, attributs dés quatre évangé-
listes. Chacune de ces figures principales, plusieurs fois répétées, se complique d'un certain
nombre d'autres images secondaires, toutes chif-
frées, dont l'objet est de peindre aux yeux les
circonstances les plus essentielles de chaque Évangile, et dont le sens, plus ou moins vague et in-
complet dans cette expression pittoresque, est
indiqué par des sommaires latins répondant aux
chiffres de la gravure.

Ce livre paraît avoir eu beaucoup de vogue en
France et en Allemagne depuis son origine jusque vers le milieu du seizième siècle. On y re-

---

ce texte est également gravé dans les deux premières éditions du quinzième siècle. Il a été reproduit quelque temps
après, sous divers autres titres, avec les mêmes figures
réduites, mais exactement conformes aux originaux, et
gravées sur bois comme les premières. Celle que je donne
ici a été calquée sur l'une des planches réduites, les plus
anciennes, des deux suites que je possède. Chaque suite
se compose de quinze figures et d'autant de pages de
texte.

trouve tout le système de la mnémonique de l'é-
poque ; elle n'avait qu'un petit inconvénient, qui
est devenu commun à la plupart des méthodes
modernes du même genre ; c'est que le moyen
était beaucoup plus compliqué que la chose même
qu'il tendait à simplifier ; c'est qu'il était bien
plus facile d'apprendre à lire l'Évangile que de
comprendre les images destinées à remplacer cette
lecture.

Quoi qu'il en soit, la figure ci-jointe, n° XVII,
vient à l'appui d'un fait que j'ai avancé dans cet
aperçu. J'ai dit que l'usage des rébus fit naître le
goût des emblêmes dès que le commun des
hommes put en comprendre le langage. Et, en
effet, la figure qu'on voit ici, comme toutes celles
de l'ouvrage dont elle fait partie, constate en
quelque sorte la transition du premier de ces
modes à l'autre. Elle participe à la fois du rébus
et de l'emblême : du rébus, en ce qu'elle est une
image substituée à la parole écrite ; de l'emblême,
parce que cette image représente, non des mots,
mais des pensées ou des faits. C'est le second ta-

bleau des trois où est reproduit le lion de saint
Marc. Pour le bien comprendre, il faut mettre
en rapport les figures de détail avec les sommaires latins qui en sont séparés dans l'imprimé,
et rapprocher ces sommaires du texte de l'Évangile, dont ils ne donnent que la substance en
deux ou trois mots. Tel est l'objet de l'explication suivante :

SECUNDA MARCI IMAGO.

VII. (¹) « De non lotis manibus, deque filiâ Chananeæ
mulierculæ. » (v. 27 et suivans.)

C'est à dire : *Des mains non lavées avant le repas*, ce qui
était contraire à l'usage des Juifs. (7. UNE MAIN ÉTENDUE.)
—*De la Chananéenne guérie par Jésus-Christ*. (7. UNE
TÊTE DE FEMME.)

Ajoutez (²) : *Il n'est pas juste de prendre le pain des enfans pour le jeter aux chiens*. (7. UNE TÊTE D'ANIMAL TENANT
UN PAIN DANS SA GUEULE.)

(¹) Les chiffres romains sont ceux des chapitres de l'É-
vangile. Le chiffre du verset n'est point exprimé ; il sera
porté ici à la fin de chaque chapitre.

(²) Le mot AJOUTEZ indique une addition de texte dont
la substance n'est pas contenue dans le sommaire imprimé,
quoiqu'elle soit rappelée dans la gravure.

Secunda Marci imago

VIII. « De panibus septem, et confitetur Christus à Petro. » (v. 29 et 30.)

C'est à dire : *Du miracle des sept pains* (8. SEPT PAINS LONGS, GROUPÉS AVEC ART EN FORME DE TULIPE). (') — *Et Pierre reconnaît Jésus pour le Christ.* (8. UNE CLEF, ATTRIBUT DE SAINT PIERRE, CHEF DE L'ÉGLISE.)

IX. « De Christi transfiguratione, ubi demonium ejicitur jejunio et orationibus. » (v. 1, 2, 16 et suiv.)

C'est à dire : *De la transfiguration de Jésus,* « dont les vêtemens parurent tout brillans de lumière. » (9. UN SOLEIL ARDENT.) — *Jésus force le démon à quitter le corps d'un jeune possédé,* et dit à ses disciples qu'un pareil miracle ne peut s'opérer que par le jeûne et la prière. (9. UN DÉMON SOUS LA FORME D'UN MONSTRE SORTANT DU VENTRE DU LION.)

X. « De unione matrimonii, et divite cum camelo. » (v. 8, 9, 25.)

C'est à dire : *Du lien du mariage.* Jésus a dit : « L'homme » et la femme ne sont plus deux, mais une seule chair. » Que l'homme donc ne sépare point ce que Dieu a joint. » (10. DEUX MAINS UNIES, COMME LE SYMBOLE DE LA BONNE FOI.) — *De la comparaison du riche avec le chameau.* « Qu'il est » plus aisé qu'un chameau passe par le trou d'une aiguille » qu'il ne l'est qu'un riche entre dans le royaume des » cieux. » (10. UNE GROSSE AIGUILLE TRAVERSANT LA CUISSE DU LION.)

(') On retrouve ici la forme des pains du quinzième siècle.

XI. « De asinâ ('), et quomodo pullo vectus intravit civitatem Hierosolymam obvio puerorum concentu. » (v. 1 à 10.)

C'est à dire : *De l'ânesse, et comment Jésus, monté sur un ânon, entra dans Jérusalem, au milieu des acclamations du peuple,* qui criait : « *Hosanna!* béni soit celui qui vient au nom du Seigneur. » (11. UN ANE DRESSÉ SUR SES PIEDS DE DERRIÈRE, et qu'on pourrait prendre pour un lièvre.)

XII. « De vinitoribus hæredem occidentibus, deque censu Cæsari reddendo. » (v. 8, 12, 16, 17.)

C'est à dire : *Des vignerons qui, s'étant saisis du fils de leur maître, le tuèrent et le jetèrent hors de leur vigne, dont il venait réclamer le loyer.* (12. UNE HACHE ET UNE GRAPPE DE RAISIN.) — *Du tribut à payer à César.* (12. DES PIÈCES DE MONNAIE DANS UNE SORTE DE BASSIN.)

Il me serait facile de multiplier ces exemples d'imagination gothique, mais je ne me dissimule point la frivolité du sujet auquel j'ai donné place, trop de place, peut-être, dans cet écrit. Je veux vivre en paix avec ma conscience; si elle m'a per-

---

(') *De asinâ.* Saint Marc ne parle que de l'ânon; c'est saint Mathieu qui désigne l'un et l'autre. Les tableaux propres à un évangéliste ne contiennent donc pas exclusivement ce qui lui appartient.

mis quelques réflexions hasardées en faveur d'ê-
tres faibles confiés à mes soins , elle me crie maintenant : c'est assez , il est temps d'en finir avec
les rébus ; et je crois qu'elle a raison.

C. LEBER.

NOTES ET ADDITIONS.

—

Depuis l'impression de cet opuscule, dont la
publication a été long-temps retardée par la
gravure, j'ai retrouvé, en m'occupant de tout
autre chose, plusieurs faits qui appartiennent
étroitement à l'histoire des Fous, et qu'en conscience je ne puis garder pour moi seul. Les uns
m'ont paru neufs et curieux; d'autres serviront
à compléter, ou même à rectifier quelques unes
de mes précédentes assertions. Tel est l'objet
de ce supplément : chaque paragraphe y sera

k

mis en rapport avec le texte qu'il modifie ou complète.

(Page 19.) *Sur les signes de ralliement des Bourgui-gnons et des Armagnacs.* — Après l'assassinat du duc d'Orléans, les habitans d'Orléans, de Gien et des villes voisines, furent obligés de prendre les armes et de marcher contre Jean Sans Peur, pour venger leur prince. Cette troupe portait pour devise, au bout d'une lance dorée, un *bâton d'or noueux et raboteux*, représentant l'instrument de la vengeance que les Orléanistes préten-daient tirer du duc de Bourgogne, avec ces mots : *Je l'envie*. De leur côté, et par opposition, les Bourgui-gnons prirent pour devise un dicton flamand qui si-gnifie *je le tiens*, avec un *rabot*, voulant dire par là qu'ils sauraient bien aplanir et redresser le bâton noueux dont on les menaçait. (Extrait des *anciens registres de la ville d'Orléans.*)

Un compte de la même ville, de l'an 1412, porte : Payé 5 sous à..... pour avoir copé la main au pilori, de....., l'un des meurdriers du duc d'Orléans (qui fut ensuite exécuté à mort).

(Page 42.) *Sur l'origine des Fous.* — Quoiqu'on ne puisse pas exactement conclure de l'antiquité de l'échi-quier à l'antiquité des fous en titre d'office, on doit pourtant convenir que l'usage bizarre des bouffons, gagés par les rois et les princes souverains, a une ori-gine fort ancienne, et que les races bouffonnes partici-pent au moins de cette illustration qui naît du temps.

L'an 943, Hugues le Grand, duc de Neustrie, père de
Hugues Capet, dans l'expédition qu'il fit, avec Louis
d'Outremer, contre les Normands, était accompagné
d'un bouffon, *mimus*, *joculator*, suivant l'expression
d'Orderic Vital. Ce maître fou était, à ce qu'il paraît, un
esprit fort du dixième siècle. Excité par d'autres mauvais
plaisans qui se trouvaient avec lui à la table du duc, il osa
parler, dans des termes peu révérencieux, des dépouilles
mortelles de quelques personnages qui passaient pour
être morts en odeur de sainteté ; mais la vengeance du
ciel suivit de près la profanation : un orage éclata pendant la nuit ; le tonnerre fit entendre d'affreux roule-
mens, et un même coup de foudre écrasa le malheureux
bouffon et ses complices. (Ord. Vit. *Eccles. Hist.*,
L. IV; *ap.* du Chêne, *Hist. Norman. script.*, p. 622.)
Voilà donc un fou à gages du dixième siècle, plus fou
que tous ceux qui nous étaient connus.

Mais le fait le plus curieux de l'histoire inédite des fous de cour, c'est, à notre avis, celui
d'un bouffon royal, non point en titre d'office,
mais exerçant ses fonctions à titre féodal, et,
en cette qualité, possesseur d'un beau domaine
grevé, pour toute redevance, de quolibets et de
bons mots. Telle était la position de Guillaume
Piculphe ou Picolphe, fou de Jean Sans Terre,
roi d'Angleterre, qui tenait de son maître une

terre avec ses dépendances, à la charge de remplir près de lui, sa vie durant, les fonctions de
fou. Après la mort de Picolphe, le même domaine devait passer à ses héritiers, moyennant
la redevance annuelle d'une paire d'éperons
d'or.

On croira, peut-être, que c'est ici le roi qui
fait le bouffon ; mais non, rien de plus sérieux
que cette donation ; en voici la preuve :

« *Joannes...*, D. G., *etc...*, *sciatis nos dedisse et pre-*
» *senti charta confirmasse Will. Picol.*, follo *nostro,*
» *Fontem Ossanne (*forte Menil-Ozenne, pays de Mor-
» tain)*, cum omnibus pertinenciis suis, habende et te-*
» *nende sibi et heredibus suis, faciendo inde nobis annua-*
» *tim servicium unius* Folli *quoad vixerit ; et post ejus*
» *decessum, heredes sui eam de nobis tenebunt et per ser-*
» *vicium unius paris calcarium deaurator. nobis annua-*
» *tim reddendo. Quare volumus et firmiter precipimus*
» *quod predict. Piculfus et heredes sui habeant et teneant*
» *in perpetuum, bene et in pace, libere et quiete, predictam*
» *terram, etc.....* (Char. circà 1200, *Bibl. reg.*) »

Ce messire Picolphe, bouffon d'un prince
étranger, ne figure ici qu'à raison de son ancienneté et de la bizarrerie de son titre. Mais
voici d'autres personnages, bons et joyeux Fran-

çais, qui entreront de droit dans notre catalogue historial des Fous en titre d'office de nos rois. Ce sont encore de vieux comptes de dépenses qui nous révèlent leurs noms et leurs fonctions.

(*Ext. des reg.* Mss. *de la Chamb. des Comptes.*)

(Page 42.) Ajoutez au *catalogue*, avant THÉVENIN :

Le *fou* et le *grimacier*, ou *rechigneur*, du roi Jean II. (Ces messieurs ne sont pas nommés, mais on trouve dans un autre compte les noms et les détails ci-après :)

Me *Johan*, fou du roi Jean.

Mitton, fou du Dauphin, fils de Jean.

(« Pour faire une cotte hardie fourrée d'aigneaux, » mantel et chaperon doublés et chauces pour M^e *Jo–* » *han*, le fol du Roy. — *Item, Mitton*, le fol de M. le » Dauphin. » — « Riche chapel fourré d'hermine, cou- » vert d'un rosier dont la tige estoit d'or de chypre et » les feuilles d'or ouvré..., les roses ouvrées de grosses » perles... Lequel chapel garni de boutons de perles et » menus orfrisiers.... d'esmaux.... et de grosses perles, » M. le Dauphin commanda à l'argentier....., pour don– » ner à Me *Johan, le fol du Roy.* » — *Compte d'Est. de la Fontaine, argentier du Roy, pour l'an* 1350. Vol. L, p. 109 et 110 de notre *col. de la Ch. des Comptes.*)

N..., fou de Charles V, dont le tombeau (suivant Sauval) aurait servi de modèle à celui de Thévenin, mort en 1374. (Serait-ce le *Johan* de 1350? Rien n'est moins vraisemblable.)

Après Thévenin.

Grand Johan le fol, autre bouffon de Charles V.

(Voilà bien des fous titrés, du nom de Jean. Celui-ci ne peut être le même que *maistre Johan*, fou de Charles VI, puisque M⁰ Johan appartenait à Charles, dauphin, dès l'année 1375, et qu'il n'est mort qu'en 1382. *Grand Johan* a dû remplir l'intervalle entre la mort de Thévenin, 1374, et celle de Charles V, 1380. Jean de France, duc de Berri, frère de Charles V, avait aussi à son service plusieurs bouffons, qui sont portés dans l'état de sa maison. — *Ib.* et Sauval, *Ant. de P.*, t. III, p. 34.)

Après *maistre Johan*,

Hancelin Coc, fou du même roi, Charles VI.

(Les comptes de 1404 contiennent un article de quarante-sept paires de souliers *pour ledit fol, et sept paires pour son varlet.* Hancelin était habillé d'*iraigne,* comme la chaise percée de son maître. Il paraît que les *fous* et les *nains* faisaient grande dépense en chaussures. Un compte de 1319 porte : *Item*, pour le *nain de la Royne*, trente-deux paires de souliers. — Vol. D, p. 124 de notre *Col. de la Ch. des Comptes.* — Les mêmes registres indiquent encore sous le règne de Charles VI, *Collin d'Armentiere*, fol du comte de la Marche; *Collin*, maistre fol de mon^gr. le mareschal de Sancerre. — On remarque enfin des articles de fous de différens maîtres, dans les comptes de Charles VIII; mais les noms n'en sont pas connus.)

(Page 46.) *Note sur* Thony*, ou* Thoni. — « Je ne fus « jamais Italien, encore que je sois un peu poltron, » comme disait ce bon compagnon de Thony, qu'il faut » aller en Italie pour apprendre à poltroniser. (*Discours* *du vrai Mathaut, naguère retourné du purgatoire...* 1616.)

(Page 47.) *Note 2 sur la folle de Catherine de Médicis.* — Élisabeth, fille de Catherine, reine d'Espagne, avait, à ce qu'il paraît, un fou nommé *Legat*, dont l'humeur grivoise osait tout, même devant une des princesses les plus vertueuses de son temps. Brantôme raconte qu'un jour Élisabeth, écartant un peu les jambes, disait qu'elle voudrait toucher d'un pied le palais de Madrid, et de l'autre celui de Valladolid ; à quoi Legat répondit : « Eh moi je voudrois estre au beau mitan » (milieu), *con un carajo de bourrico para encargar y » plantar la raya.* » (*Fem. gal.*, t. 3, p. 488, édit. de la Haye.)

On retrouve la même anecdote, mais avec des différences, dans les Mémoires de Tallemant des Réaux, dont les éditeurs ont pu ne pas se rappeler Brantôme. Tallemant attribue l'*écart* à Catherine de Médicis, et le bon mot (plus piquant, parce qu'il est moins ordurier) à Bassompierre. (*Historiettes*, t. 3, p. 15.)

On voit que les reines ne se contentaient pas de *plaisantes ;* il leur fallait une part plus égale des plaisirs du roi ; et, cependant, rien ne prouve que nos princes aient eu des folles à leur service ; j'entends des folles en titre d'office.

Nous porterons sur la liste des fous de ces dames, *Guérin*, bouffon de la reine Marguerite,
femme de Henri IV, dont il est question dans
une facétie de 1623. *Guérin, jadis plaisant de
la reine Marguerite*, comparaissant devant le
lieutenant du petit criminel, demande à être
payé de ce qui lui est dû par la succession de sa
maîtresse, afin de pouvoir garnir son lit de
paille fraiche, et aller s'habiller à la friperie
avec sa femme. Mais le juge lui répond : « Re-
» tirez-vous, Guérin, et allez vendre des pom-
» mes, puisque vous avez vendu la soutane de
» velours que la reine Marguerite vous avait
» donnée. » (*Estats tenus à la Grenouillière*,
p. 25 et suiv.)

(Pages 47, 48.) *Sur Chicot et Sibilot.* — On lit dans le
Discours sur les faits advenus en l'an 1587. Paris, Bi-
chon, 1587, « Et comme dit Chicot, *bouffon du Roy*, au
« baron de Dothna, quand M. d'Espernon le festoya,
» qu'il n'avoit mangé allouette qui ne lui eust cousté
» un reistre. » Chicot, *bouffon du roi en* 1587! Ou il
faut lire : *du roi de Navarre*; ou il faut croire que ce
bouffon appartenait alors à Henri III. Quoi qu'il en soit,

les écrivains contemporains de Chicot s'accordent tous à le représenter comme un homme d'esprit, ayant son franc-parler avec tout le monde, et l'un des plus braves et des plus fidèles serviteurs du roi Henri IV. Il eut cinq chevaux tués sous lui dans les guerres de la ligue, et mourut, en 1592, d'un coup d'épée que lui porta le comte de Chaligny, son prisonnier. La circonstance la plus remarquable de la vie de Chicot, c'est qu'il s'enrichit à dire aux grands leurs vérités. — Sibilot, fou de Henri III, n'existait plus en 1589. L'auteur de la Harangue du recteur Rose, dans la *Satyre Menippée*, fait dire à l'orateur qu'il ne manque au duc de Mayenne que les *Hoquetons* et *Sibilot* pour être roi (t. 1ᵉʳ, page 92, édition de 1709); comme si le service d'un bouffon avait été aussi nécessaire à la royauté de ce temps, que celui d'un chancelier ou d'un connétable. Cependant, s'il était possible d'ajouter foi au témoignage d'un pamphlétaire, nous tiendrions Sibilot pour un monstre de nature, au physique et au moral. Le ligueur Boucher en fait un portrait horrible dans son livre *De justâ Henrici Tertii Abdicatione*, p. 182; mais le portrait du roi, plus affreux encore, permet de douter de la fidélité de l'autre. « *Hoc Henrici ingenium ut fuerit..... ostendit nuper im-* » *purissimæ bestiæ, ac truculentissimi monstri Sibilotti* » (*hoc enim ejus fatuo, nunc defuncto, nomen erat*) *spec-* » *taculum, quo cùm nihil aspectu, fœdius, nihil ad ebrie-* » *tatem ac libidinem projectius, ad blasphemiam atrocius* » *esset, ab hoc, si superis placet, rabiosi canis instar spu-* » *mas emittente, lupi in morem ululante, oculis igneis ac* » *furentibus, defluente ex ore sanie, scipione durissimo*

» *obvium quemque feriri ac fugari, in regiâ, in foro, in*
» *publico, effusus risu lætabatur.* » (An. 1589.)

Eh bien! le bon curé de Saint-Benoît aurait passé
toutes ces fantaisies à son roi; ce qu'il ne lui pardonne
pas, c'est d'avoir livré des religieuses nues comme la
main, à la brutalité de ce monstre difforme, blasphéma-
teur, ivrogne, loup, hagard, furieux, enragé; tel, en un
mot, qu'a pu le faire le miroir de l'auteur.

(Page 48.) Voici le bouffon *Marais* qui prétend avoir
le pas sur son cadet l'*Angeli*, en vertu du brevet de fou
de Louis XIII, que lui délivre Tallemant des Réaux dans
les Mémoires déjà cités. Marais disait au roi : « Il y
» a deux choses à votre métier dont je ne me pourrais
» accommoder. — Hé quoi? — De manger seul, et de
» ch... en compagnie. » (*Histor.*, *t.* 2, *p.* 72.) Quel
était le plus sale de *Legat* ou de *Marais?* J'aime mieux
l'esprit de l'Angeli, qui *n'allait pas au sermon parce qu'il*
n'aimait pas le BRAILLER, *et qu'il n'entendait pas le* RAI-
SONNER. Ce fou n'a pas eu de successeur près du trône;
mais sa race ne s'est pas éteinte avec lui; *ce reste de bar-*
barie qui, selon Voltaire, *a duré plus long-temps en Al-*
lemagne qu'ailleurs, faisait encore les délices d'un prince
français après le long et glorieux règne de Louis XIV.
Voltaire oublia, ou, peut-être, il ignora que le comte de
Toulouse eut, comme son père, un fou en titre, et qu'un
seul trait de la vie de ce fou, effaçant le prince, suffirait
pour venger l'espèce entière des mépris dont nous la
couvrons.

L'anecdote est inédite et piquante, mais elle

ne m'appartient pas; c'est tout ce que je puis
dire en ce moment.

(Page 68.) *Note* 1, *sur le jaune et le vert, couleurs des
jongleurs et des fous.* — Le procureur fiscal de la *Mère
folle de Dijon*, ou *Infanterie dijonnaise*, était qualifié
fiscal vert, sans doute parce qu'il portait une robe verte.
Le greffier de la même confrairie signait *le Griffon vert*.
(V. du Tilliot, *Mém. pour servir à l'hist. de la Fête des
fous.*) Le *prince d'Amour*, de Tournay, portait un chapeau vert. (*Ib. p.* 87.) — L'habit de *Tabarin* était jaune
et vert. « Ayant depuis un an trois cartz et demy fait le
» circuit de toute la terre universelle sur une nasselle de
» verre, *mon hoqueton jaune vert* me servant de boussolle,
» ma marotte de baston de Jacob, mon bonnet rond d'as-
» trolabe, et le derrière de ma chemise de voiles, etc...»
(*Estren. univer. de Tabarin pour l'an* 1621.)

Le malheureux Charles VI, en proie aux premières agitations d'une folie trop réelle, fut
gardé dans un château situé sur l'Oise, près de
Creil en Beauvoisis (1392). L'enseigne des chevaliers de l'Arquebuse de Creil était jaune, et l'habit
du porteur, vert. Ceux de Beaumont, leurs
voisins, avaient adopté le jaune pour livrée, et
leur lieutenant était habillé de taffetas vert.

(*Pièce* de 1615 sur une fête donnée au prince de Condé.) Ces faits n'ont, sans doute, rien de commun entre eux ; mais le rapprochement est singulier. — Je conviendrai, au surplus, que le rouge cramoisi entrait quelquefois dans la composition de la livrée, essentiellement jaune et verte, des fous. On trouvera ici quelques feuilles d'anciens rébus de Picardie, extraits d'un manuscrit du xvᵉ siècle, où des bouffons sont revêtus de casaques bariolées, jaunes, vertes et rouges. Les confrères de la *Mère folle de Dijon* portaient un habit semblable dans leurs réunions et leurs cérémonies grotesques : « Qui- » que sericeâ veste tricolori induti, viridi, ru- » brâ et croceâ... » (*De Stultor. Sodal. Di- vion. Disquis.*) Tel était aussi le sceau de cette société, à lacs pendans de mêmes couleurs. (*Mém.* de Du Tilliot, *p.* 136.) Cependant, les lettres-patentes de l'institution de la société du *Fou de Clèves* étaient scellées de trente-cinq sceaux de cire verte, *couleur de fous*, selon la remarque de Du Tilliot, qui rapporte ce fait.

(*Ib.*, *p.* 83.) Enfin, le guidon de la *Mère folle* dijonnaise figurait dans les jeux avec une paire de manches rouges cousues à un corps de pourpoint de velours vert. (*Ib.*, *fig.* 8.)

(Page 117.) *Sur les rats d'Arras.* — Les trois estampes auxquelles j'ai borné mes citations ne sont pas les seules que le burin satirique ait produites à l'occasion de la prise d'Arras, en 1640, et du dicton des *rats* opposés aux *chats*. Je possède plusieurs autres pièces gravées de cette époque, où les Espagnols ne sont pas mieux traités que dans l'image citée par Harduin; voici les principales : le *Charron*, l'*Esperonnier*, le *Teinturier*, le *Bonnetier* espagnols, représentant (en quatre pièces) le *Roupieux*, le *Morveux*, le *Teigneux* et le *Baveux*. — Un Espagnol couché au milieu des rats, qui en font leur proie; d'un côté, un chat qui n'ose approcher; de l'autre, une inscription terminée par ce vers :

C'est le ressouvenir de la perte d'Arras.

Le dicton, *quand les Français prendront*

Arras, etc..., sert encore d'explication à une caricature de 1640, où figure un chat dressé sur ses pattes de derrière, avec l'épée au côté, la fraise au menton, et harcelé par les rats, dont l'un lui mord le bout de la queue. Mais de toutes ces bouffonneries gravées, la plus piquante et la plus rare, c'est assurément *la Prise et Deffaicte des Chatz d'Espaigne par les Rats François, devant.... Arras.*

Une autre caricature, du même temps, représente la ville de Hesdin en perspective, et, au premier plan, *la truie qui file,* avec le dicton :

> Quand les François prendront Hesdin,
> Cette truy (*sic*) aura fillé son lin.

On lit ensuite la réponse :

> Les François ont prins Hesdin (1639),
> Cy cette truy n'a pas fillé son lin.

(Page 122, à la fin.) Plus anciennement Aubri de Cinqcenz, conseiller de Marguerite, comtesse de Flandre, signait AUBRI DE Vᶜ (de 500)   (*Quittance de 1370.*)

Page 128.) *Sur les peintures grotesques des heures manuscrites.* — La sculpture n'était ni plus chaste ni plus réservée que le pinceau des moines, dans le choix des ornemens dont elle dotait nos vieilles basiliques. Les portiques et les boiseries de la plupart de ces temples

étaient couverts de rébus et de figures emblématiques,
dont la décence nous paraîtrait au moins fort équivoque.
(V. les descriptions particulières de nos cathédrales, et
le chap. des *Alchimistes*, de Sauval, *Antiq. de Paris.*)

Le même Sauval (*ib.*) cite plusieurs ensei-
gnes en rébus, qui sont conséquemment connues ; et il en existe encore à Paris. Je n'ai rappelé celle du *Collier*, p. 120, que parce qu'elle
n'a point encore eu les honneurs de l'histoire.

(Page 133.) *Figure d'un ancien rébus.* — J'ai donné
de préférence, comme exemple de rébus, l'image d'une
prière en sept vers, non point à raison de son étendue,
mais à cause de son caractère religieux et de la naïveté
de ce pieux badinage. Il existe des rébus en vers, beaucoup plus longs, ou, du moins, dont la mesure est ordinairement celle du sonnet ou du rondeau. J'en ai vu
plusieurs de ce genre dans des recueils de poésies et
d'autres livres gothiques de la première moitié du
XVIᵉ siècle. Un des plus curieux, rimé sous le titre de
Rondeau d'amour, composé par signification, se trouve à la
fin du recueil intitulé : *Opera jocunda Johannis Georgii
Alioni Astensis metro macharronico materno et gallico
composita.* Ast. (*sic*) 1521, pet. in-8° très-rare, dont je
dois la communication à l'obligeance de M. Brunet.

Un autre rébus, moins ancien, et par cela même plus
remarquable encore, exprime les doléances des roya-
listes contre les excès de la ligue. Ce sonnet, en faveur

de Henri IV, est de l'année 1592. Voici les vers emprisonnés, torturés, disloqués dans l'image in-fol., gravée sur bois, qu'on en conserve à la Bibliothèque royale. Les mots imprimés en italiques sont des figures.

> Qui veut *dé pein* dre au vif *la pauvre France*
> *Peigne* un *navire* à *la* mercy *des flots*,
> Une *vipère*, un embrouillé *chaos*
> Où la *dis corde* ore a toute *puis sance.*
>
> Comme *Actéon*, par *ra* ge et *viol ence*,
> *Elle* est des siens *la proie* à tous pro *pos*,
> Et les *petits pas* tissent pour les *gros :*
> *Ain* si tout *tombe* en grande *dé ca* dence.
>
> On a *chas* sé du tout *amour de Dieu* ;
> *La charité vers* le prochain n'a *li eu :*
> Tousjours *croissant* le *vice* y prend *racine.*
>
> Comme au *déluge aus si Dieu* veut *os* ter
> Les *vermiceaux nez* pour *la tour* menter ;
> Et *paix* n'au *ra* jamais qu'en *sa ru* yne.

ERRATA.

Pages LXVI, lig. 1, au lieu de *mars*, lisez *janvier* 1614.

LXVII, lig. 2, au lieu de 1615, lisez 1614; et note 1, 1615 au lieu de 1605.

CVII, lig. 9, *Eh!* au lieu de *et*.

CXXV, pénultième ligne, *astrologique*, au lieu d'*astronomique*.

CXXVI et CXXVII, *Catherinot*, au lieu de *Cathé-rinot*.

CXXXVIII, au lieu d'*imagination gothique*, lisez *imaginations gothiques*.

www.ingramcontent.com/pod-product-compliance
Lightning Source LLC
Chambersburg PA
CBHW072146270326
41931CB00010B/1902